Gérard et ses copains

Book D

Developed by Maurice Hazan

Symtalk® is a unique approach to teaching a foreign language and uses visuals specifically designed to accelerate the language learning process. It is based on the three key elements of short and long term memory: Encoding, storage and retrieval.
Symtalk® is a vertical comprehensive curriculum (for k to 8). A book is available for each grade level. Writing begins in second grade. The Symtalk® materials allow teachers to get immediate results.
Students structure full sentences starting from the first lesson.
These are accomplished through:
1) Strings of magnetized cards placed on a board to demonstrate the vocabulary.
2) Books featuring the graphics used in class.
3) Game boards with various levels of difficulty.

The Symtalk® Method is used as a core program, exploratory curriculum, and immersion program. It is available in Spanish, French, German, Italian, Chinese, Japanese, and English.

Written and Illustrated by Maurice Hazan

ISBN 1-932770-12-7
© 2006 EMC Corporation
All Rights Reserved

The Symtalk® Series

Third edition

Printed in the U.S.A
1 2 3 4 5 6 7 8 9 10 XXX 09 08 07 06

Welcome to Symtalk French Book 2 *Gérard et ses copains* !

Welcome to *French Book 2 Gérard et ses copains* of the Symtalk Method. Symtalk is simple and delivers astonishing results immediately.

The Symtalk Method is designed to teach students the fundamentals of the language. Substituting the text with self-explanatory symbols produces an authentic memorization of the vocabulary. The goal is for students to structure full sentences immediately and attain communicative proficiency in all four skills very early. All sentences can be interpreted in oral and written form. A space with a line below each picture allows the student to write the sentences. The Symtalk philosophy is that students should acquire oral proficiency with the language before they write; just as they do in their native language.

Symtalk Flash Cards are the core component of the Symtalk language program. The flash cards are necessary tools for introducing and practicing vocabulary and grammatical rules. The vocabulary featured in the Symtalk Method is directly related to real-life experiences. It consists of nouns, verbs, adjectives, adverbs, prepositions, conjunctions and interrogatives, providing student the tools for meaningful communication. Once most sentence possibilities are explored, more subjects, verbs and objects are added to supplement the existing vocabulary. Gradually, students acquire enough elements to engage in everyday conversations.

Symtalk offers many **games** to bring the language to life in the classroom. **Symtalk Practicing Everyday Vocabulary** and **Symtalk Dialogues Level 2** are two games created specifically to accompany *French Book 2 Gérard et ses copains* . If you have these recommended games, use them to strengthen communicative skills. Do not wait to complete a lesson in this book to use any particular game. Symtalk games engage students in conversation with minimal teacher intervention. The handouts included in the game sets are a supplement, not a requisite, for the games.

GREETINGS

Bonjour!

Aurevoir!

Comment allez-vous? /
Ça va? / Comment vas-tu?
Trés bien et vous (toi)?

Merci.
De rien.

Comment tu t'appelles?
Je m'appelle...........

ALPHABET

a b c d e f g h i j
k l m n o p q r s t
u v w x y z

COMMON CLASSROOM PHRASES & COMMMANDS

ASSIEDS-TOI.
ASSEYEZ-VOUS.

Sit down.

LÈVE-TOI.
LEVEZ-VOUS.

Stand up.

TU PEUX PARTIR.
VOUS POUVEZ PARTIR.

You are dismissed.

RÉPÉTE.
RÉPÈTEZ.

Repeat.

VA AU TABLEAU.

Go to the board.

SILENCE.

Be quiet.

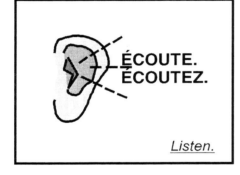

ÉCOUTE.
ÉCOUTEZ.

Listen.

LIS.
LISEZ.

Read.

REGARDE.
REGARDEZ.

Look.

Bonjour.	*Good morning.*	**S'il vous plaît.**	*Please.*
Je ne sais pas.	*I don't know.*	**Merci.**	*Thank you.*
Je ne comprends pas.	*I don't understand.*	**J'ai fini.**	*I have finished.*
Sortez vos livres.	*Get out your book.*	**Ouvrez vos livres.**	*Open your books.*
Qu'est-ce que ça veut dire?	*What does ___ mean?*	**Comment dit-on?**	*How do you say ___?*

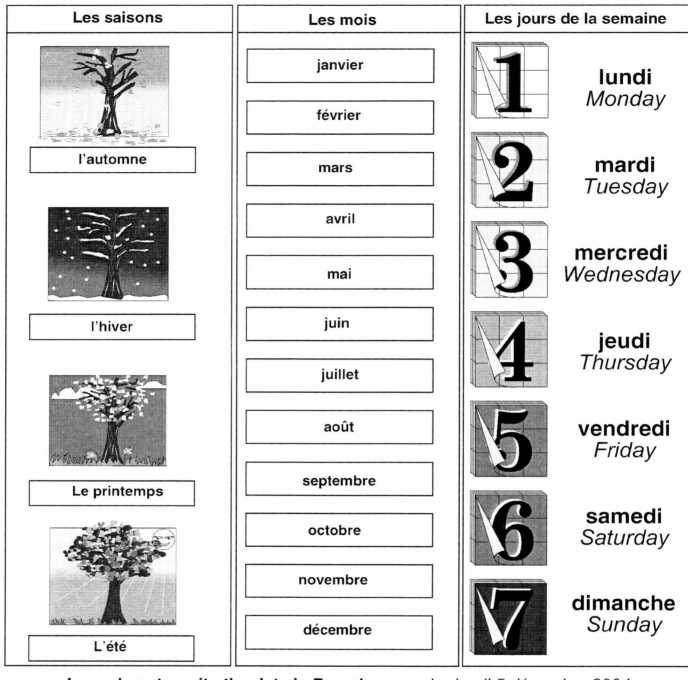

Les saisons	Les mois	Les jours de la semaine
l'automne	janvier	**lundi** *Monday*
l'hiver	février	**mardi** *Tuesday*
Le printemps	mars	**mercredi** *Wednesday*
L'été	avril	**jeudi** *Thursday*
	mai	**vendredi** *Friday*
	juin	**samedi** *Saturday*
	juillet	**dimanche** *Sunday*
	août	
	septembre	
	octobre	
	novembre	
	décembre	

Learn how to write the date in French: exemple: *lundi 5 décembre 2004*

Note: months and days are not capitalized in French.

Leçon 1

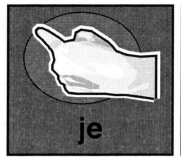
je

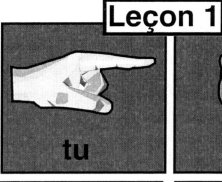
tu

il
Gérard

elle
Brigitte

aimer
to love,
to like

j'aime
tu aimes
il aime
elle aime

manger
to eat

je mange
tu manges
il mange
elle mange

les frites
des frites

le croque monsieur
un croque monsieur

les croissants
des croissants

1

2

3

4

5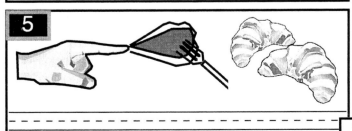

6

boire

je bois
tu bois
il boit
elle boit

to drink

les beignets
des beignets

le coca
un coca

1

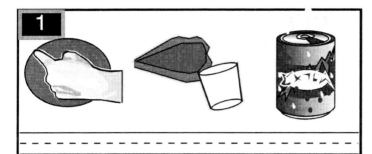

2

3

4

5

6

7

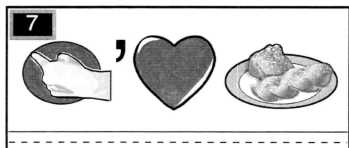

8

Leçon 2

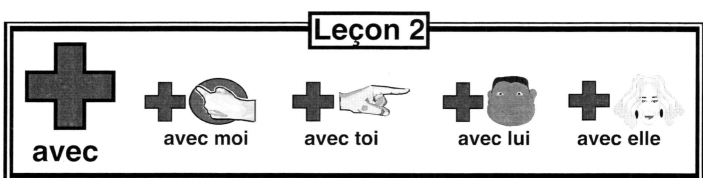

avec   avec moi   avec toi   avec lui   avec elle

1

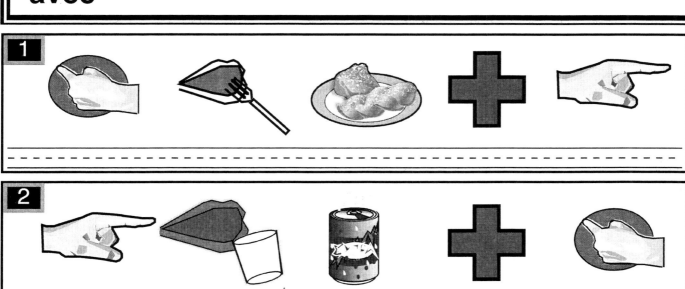

2

3

4

5

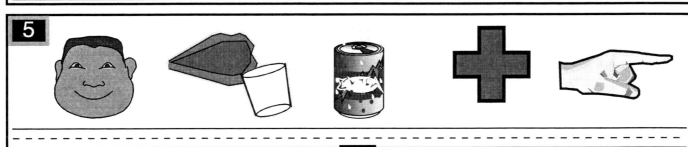

jouer

to play

je joue
tu joues
il joue
elle joue

 au tennis

 au foot

6   +

_____

7   +

_____

8 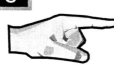  +

_____

9  +

_____

10   +

_____

Leçon 3

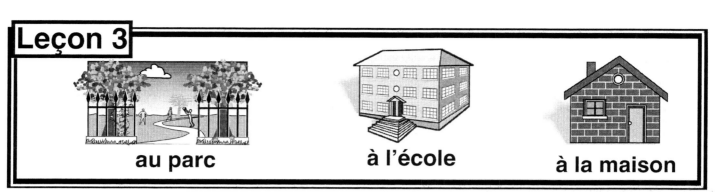

au parc   à l'école   à la maison

1

_____
- -

2

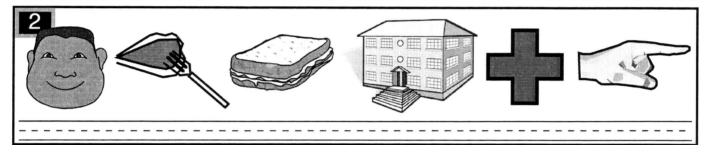

_____
- -

3

_____
- -

4

_____
- -

5

_____
- -

 acheter

to buy

j'achète
tu achètes
il achète
elle achète

 à la boulangerie

 au café

6

7

8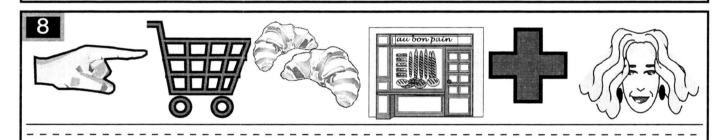

9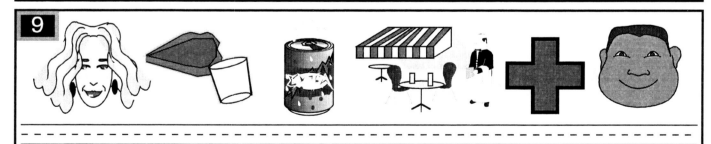

10

Leçon 4

aller → to go

je vais
tu vas
il va
elle va

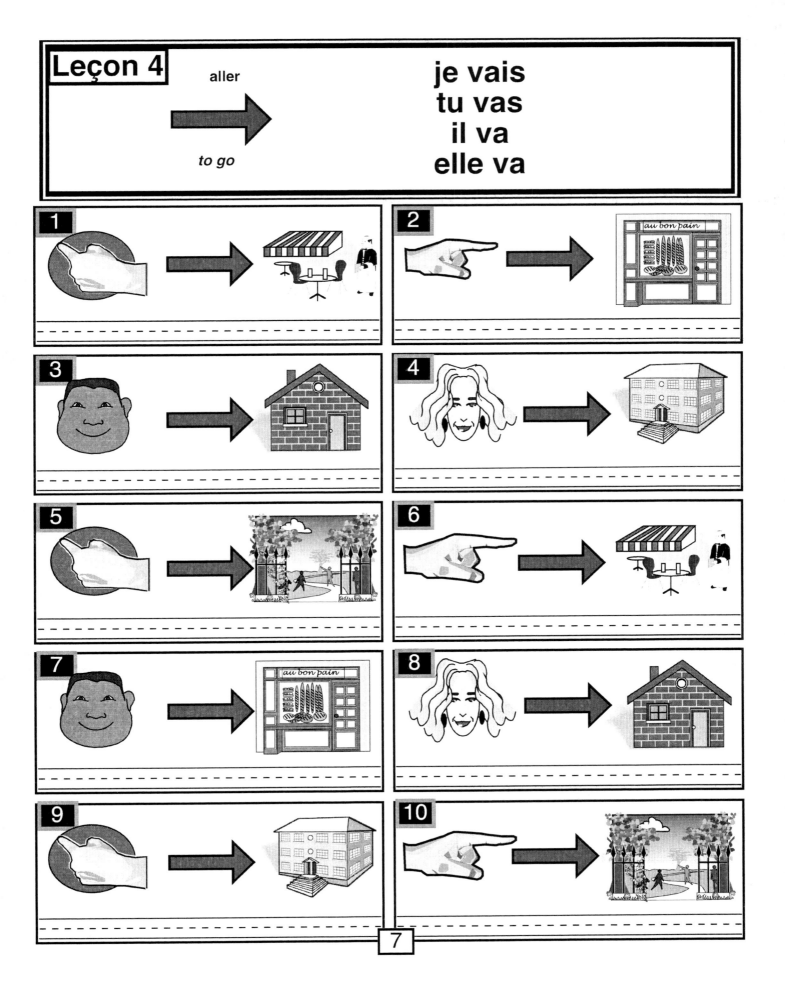

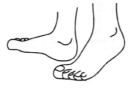

à pied

à vélo

11

au bon pain

12

  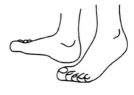

13

14

 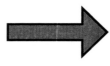  

15

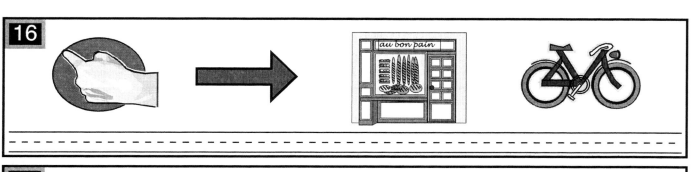

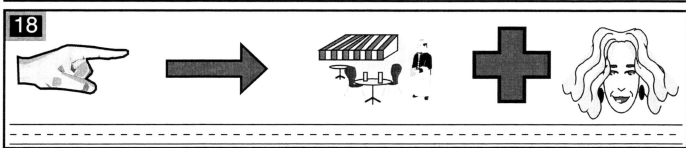

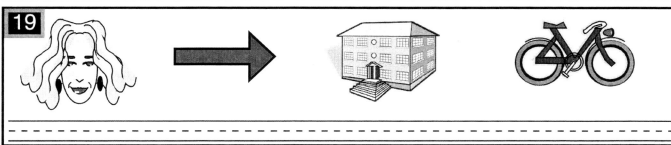

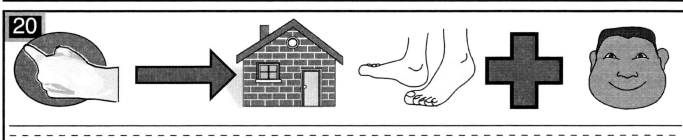

à l'épicerie

en voiture

_____
- -

_____
- -

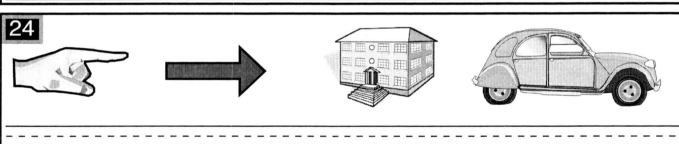

_____
- -

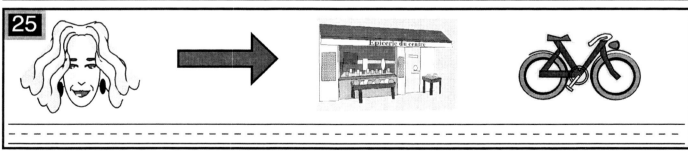

_____
- -

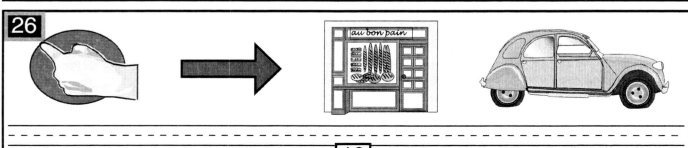

_____
- -

Place the words in the correct order.

1 je boulangerie vais à la avec à vélo elle

2 elle parc va au avec lui à pied

3 tu vas à avec elle l'école à pied

4 il mange au parc avec moi des beignets

5 un sirop je bois à la maison toi avec

6 au tennis elle joue avec au parc lui

7 croque tu manges un monsieur au café

8 je l'épicerie vais en voiture à

Leçon 5

on

In French, **ON** means **WE** or **"PEOPLE."**

Sylvie — Alain — Antoine

---

1 on ➡️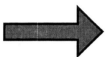

---

2 on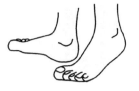

---

3 on

---

4 on

---

5 on

---

parler	je parle		
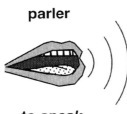	tu parles il parle elle parle on parle	 anglais	et 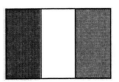 français
to speak			

6 on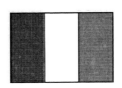

7 on

8 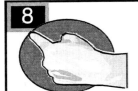  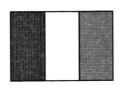 et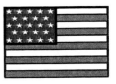

9

10   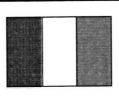  et

 en France
 en Louisiane
 au Québec

11  on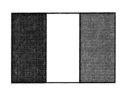

_____

12  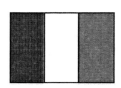 et

_____

13  on 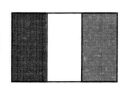 et

_____

14  on

_____

15 on

_____

Questions and answers: Imagine the dialogues
starting the question with **Est-ce que tu** ., and the answer with **Non, je ...**

Leçon 6

au hockey   aux boules   au baseball

1

2

3

4

5

16

bien un peu mal

6

7

8

9

10

comment

how

Comment est-ce que tu joues... ?
Comment est-ce que tu parles... ?
Comment est-ce que tu vas... ?

Imagine dialogues as shown below .
Comment est-ce que tu joues au tennis? Je joue bien au tennis.

où

where

Où est-ce qu'on joue...?
Où est-ce qu'on mange...?
Où est-ce qu'on parle...?

Imagine dialogues as shown below .
Où est-ce qu'on parle français? On parle français en France.

19

ne   pas
ne   pas
ne   pas
ne   pas
ne   pas

ne   pas

n'   pas
n'   pas

1

ne   pas

2

n'   pas

3
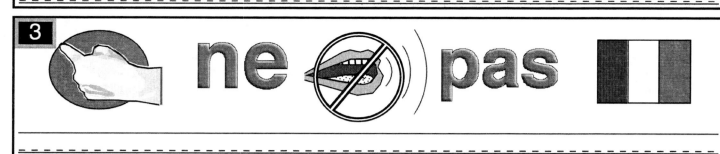
ne   pas

4

n'   pas

Read and write the following sentences.

Questions and answers.
Imagine the dialogues. Answers must be full sentences.

Place the words in the correct order.

1 ne anglais parle pas en on France

_____

2 il pas ne joue au bien baseball

_____

3 n' pas les aime elle beignets

_____

4 n' tu achètes de à la pas croissant l'école

_____

5 il épicerie ne pas va à l' voiture en

_____

6 on pas ne joue aux Québec boules au

_____

7 n' je croque aime les -monsieur pas

_____

8 on parle pas à la maison ne français

_____

Leçon 8

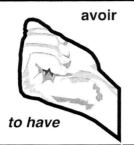

avoir
to have

j'ai
tu as
il a
elle a
on a

je n'ai **pas** de...
tu n'as **pas** de...
il n'a **pas** de...
elle n'a **pas** de...
on n'a **pas** de...

1

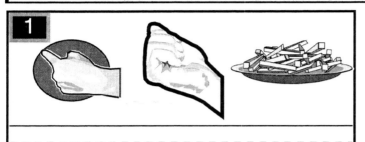

2

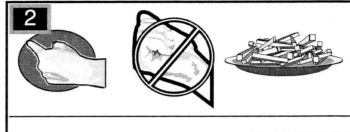

3

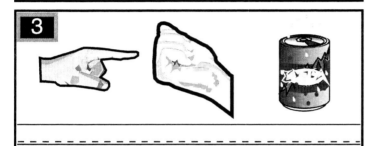

4

5

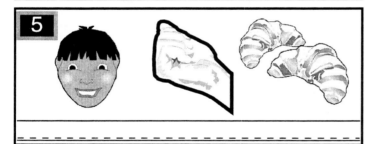

6

7

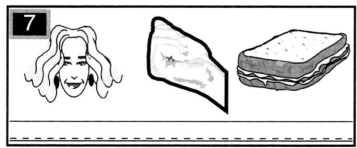

8

9

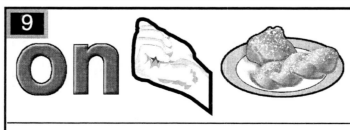

10

24

| un sac | une veste | un stylo | un livre | une casquette |
| le sac | la veste | le stylo | le livre | la casquette |

11 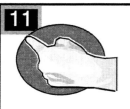   et

12   et

13    et

14    et

15 on   et

25

Questions and answers.
Imagine the dialogues. The answers must be in full sentences.

une trousse la trousse	**des crayons** les crayons	**un cahier** le cahier	**des CD** les CD	**un jeu vidéo** le jeu vidéo

1    **et**

2   **et**

3   **et**

4    **et**

5 **on**   **et**

Imagine these dialogues using: Est-ce que tu as...?

Leçon 9

1

2

3

4

5

29

il n'y a pas de

6

7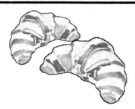

8

9

10

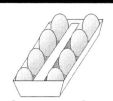    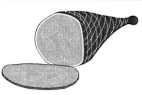

des oeufs
les oeufs

du jus d'orange
le jus d'orange

du lait
le lait

du fromage
le fromage

du jambon
le jambon

11

  et

12

  et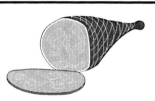

13

  et

14

  et

15

il y a  et

avoir besoin de

to need

j'ai besoin de...
tu as besoin de...
il a besoin de...
elle a besoin de...
on a besoin de...

des crayons	> J'ai besoin **de** crayons
du fromage	> J'ai besoin **de** fromage
un cahier	> J'ai besoin **d'un** cahier
une veste	> J'ai besoin **d'une** veste

Imagine what these people are saying:
J'ai besoin....

1

_____
- -

2

_____
- -

3

_____
- -

4

_____
- -

5

_____
- -

32

Leçon 10

au magasin

à la librairie

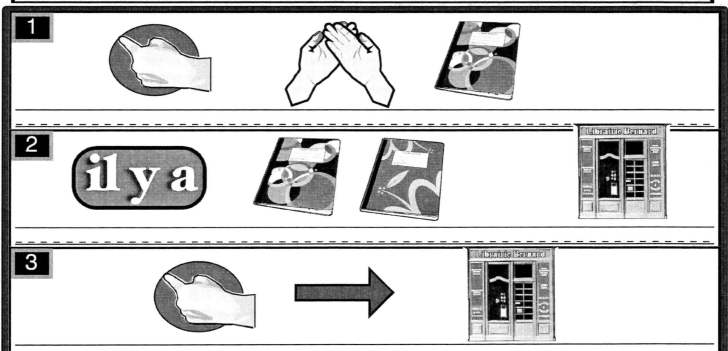

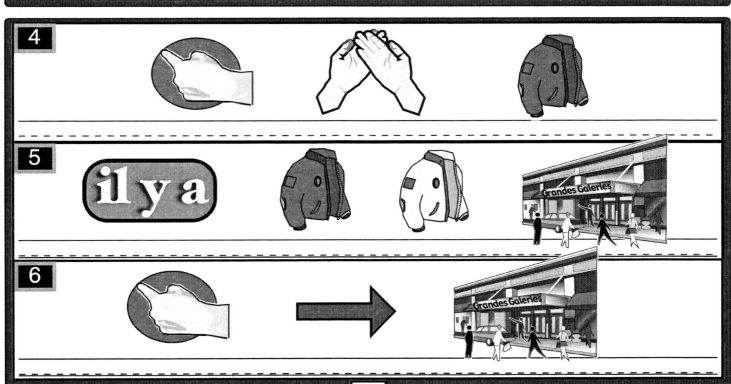

33

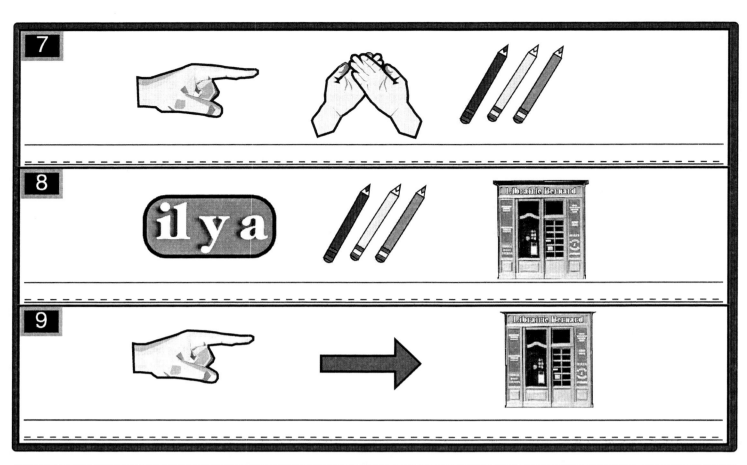

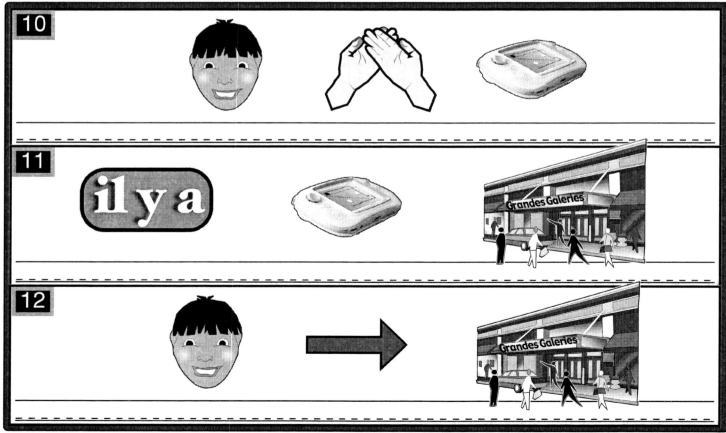

Read the sentences and find out where <u>to go</u> to finish them.

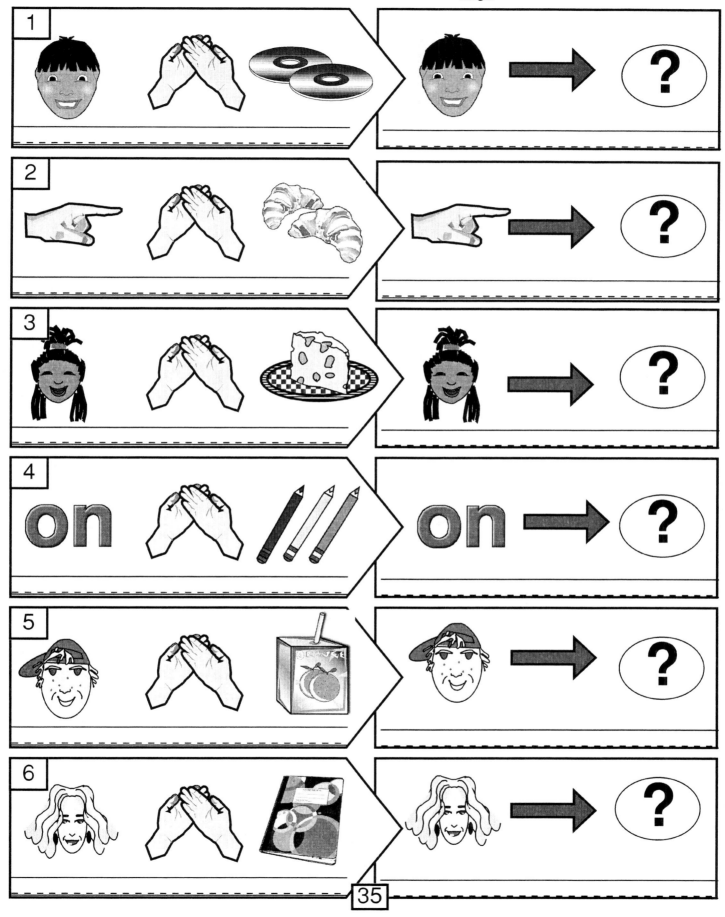

35

Leçon 11

j'ai
tu as
il a
elle a
on a

avoir

soif   faim   chaud   froid

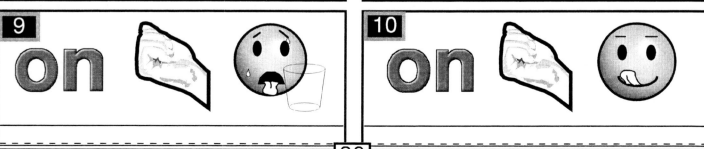

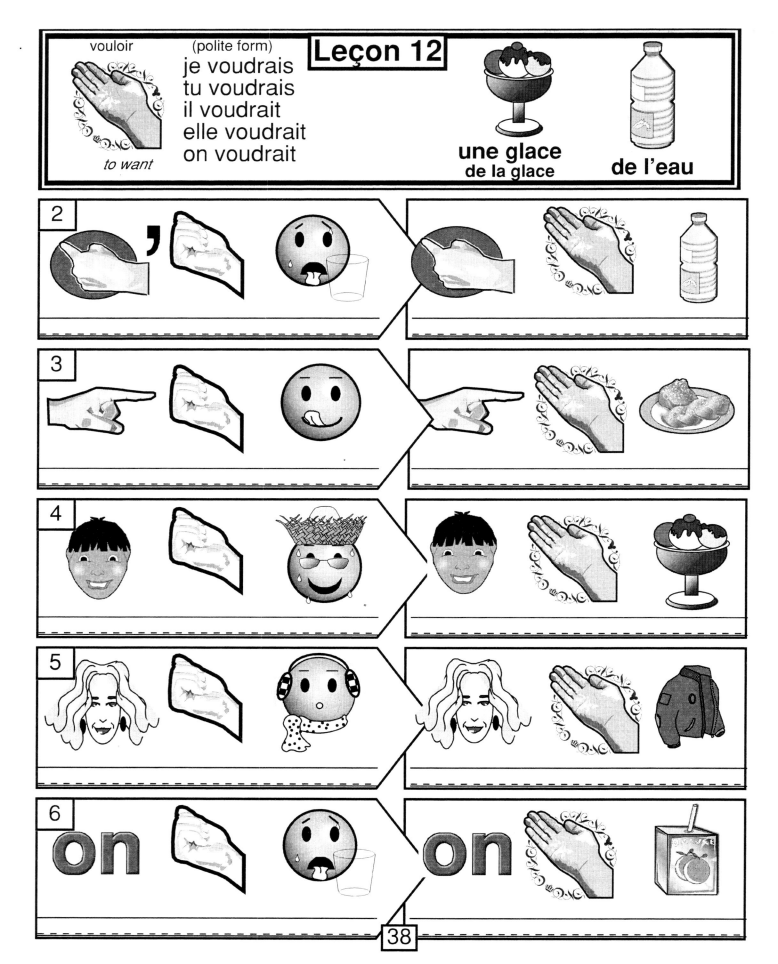

Leçon 12

vouloir (polite form)
je voudrais
tu voudrais
il voudrait
elle voudrait
on voudrait
to want

une glace
de la glace

de l'eau

Read these scenes and act them out with another student.

Dialogues

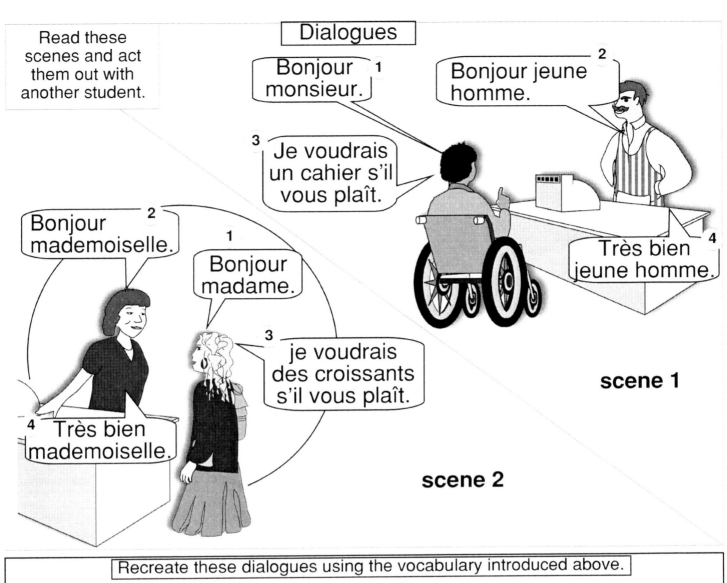

scene 1

scene 2

Recreate these dialogues using the vocabulary introduced above.

3

1:_____
2:_____
3:_____
4:_____

4

1:_____
2:_____
3:_____
4:_____

écrire
j'écris
tu écris
il écrit
elle écrit
on écrit
to write

lire
je lis
tu lis
il lit
elle lit
on lit
to read

1

2

on

3

dans

4

5

travailler

to work

je travaille
tu travailles
il travaille
elle travaille
on travaille

en classe
la classe

un ordinateur
l'ordinateur

6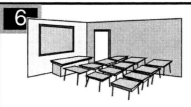

7

8    et

9    et

10

11.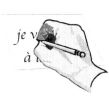

12.

13.

14.

Describe these scenes.

15.

16.

Les bandes dessinées.

de 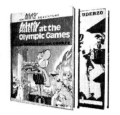 Tintin

Les livres de Tintin

d'

Les livres d'Astérix

1

_____

2     de

_____

3 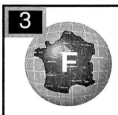 on  de

_____

4 on   d'   et

_____

 utiliser
to use

j'utilise
tu utilises
il utilise
elle utilise
on utilise

 **une gomme**
la gomme

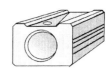 **un taille-crayon**
le taille crayon

5

6

7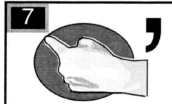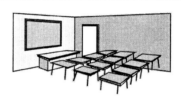

8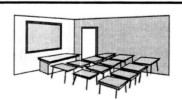

9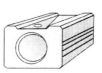

Question: **Qu'est-ce que tu utilises?** Answer: **J'utilise...**

Leçon 13

 de

Mardi Gras

faire

je fais
tu fais
il fait
elle fait
on fait

to do, to make

un masque
le masque

la fête

les crêpes

1

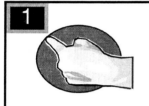  de

2

3

on

4

de la farine   du sucre   des pinceaux   de la peinture   du papier

5

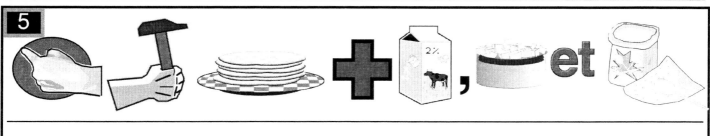

_____

6

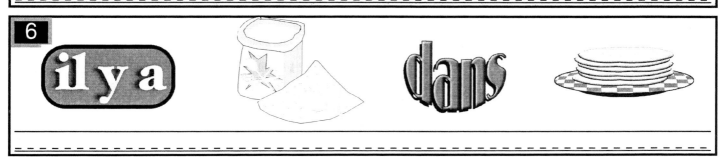

_____

7

_____

8

_____

9

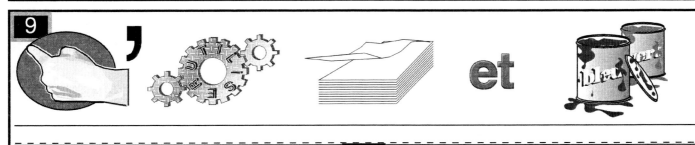

_____

Qu'est-ce que tu fais ? Je...

Leçon 14

pour
<u>to</u> do something
<u>in order to</u> do something

de l'argent
avoir besoin <u>d'</u>argent

des lunettes
avoir besoin <u>de</u> lunettes

1

2

    **et**

3

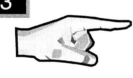   

4

   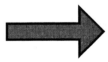

5

on    **et**

 pour travailler
 pour aller
 pour acheter
 pour faire

  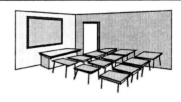

   de

et

  et

  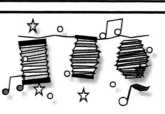 

 pour écrire

 pour lire

 pour jouer

1

2

3

4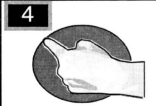

5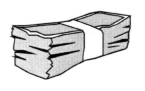

du pain
avoir besoin _de_ pain

une mobylette
avoir besoin _d'_une mob...

un billet
avoir besoin _d'_un b...

 et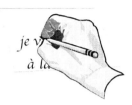

 et

et

 et  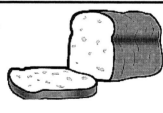 et

 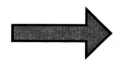  

Leçon 15

 prendre

je prends
tu prends
il prend
elle prend
on prend

to take

 le train
en train

 le bus
en bus

1

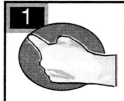   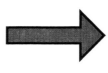 

2

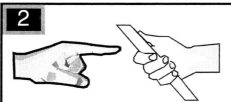  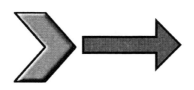 

3

4

 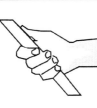  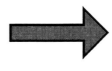 

5

 on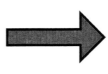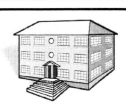

53

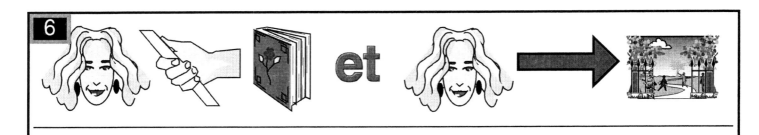

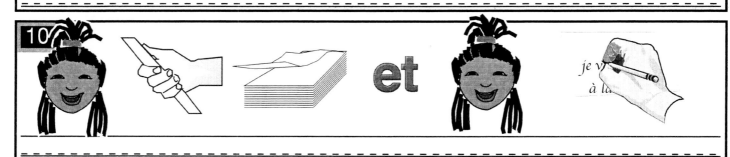

Imagine the dialogues starting the sentences with **Comment vas-tu ...?** and the answers with **Je prends ...**

Leçon 16

l'avion
en avion

le métro
en métro

1

2
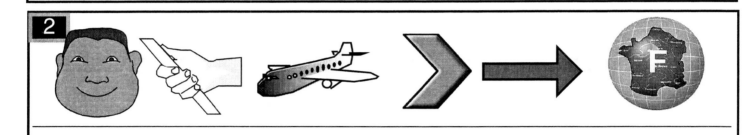

3
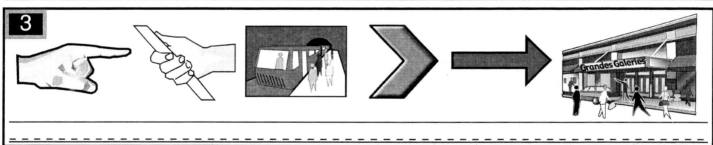

4

5

PRENDRE
Imagine what these people are saying.
Use the correct pronoun **je, tu, il, elle, on** and the verb **prendre.**

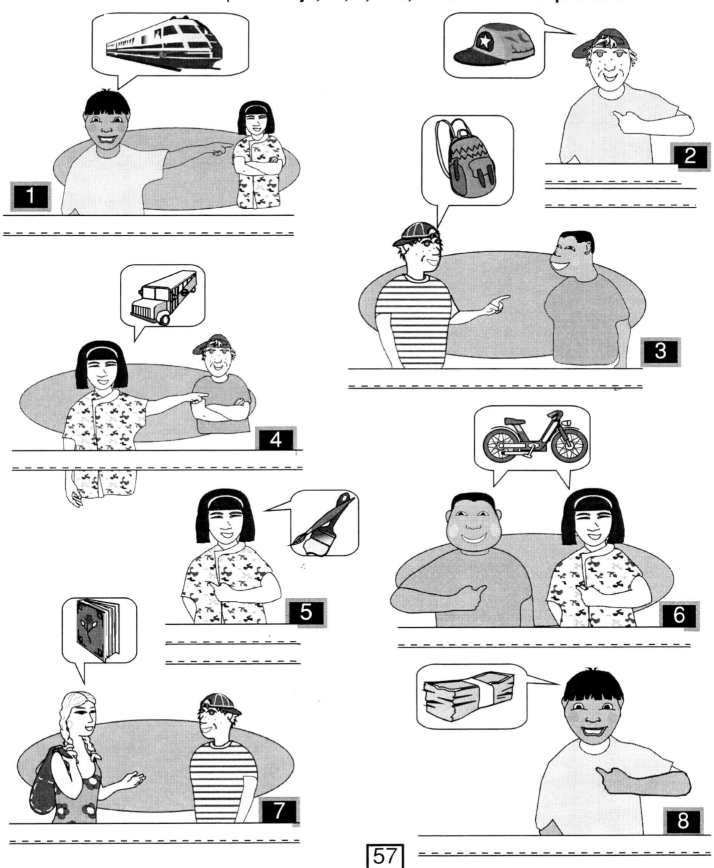

PRENDRE

Imagine what these people are saying.
Use the correct pronoun **je, tu, il, elle, on** and the verb **prendre.**

Finish the sentences and circle the correct answers.

1   Je prends de l'argent, je voudrais:
    A   aller au magasin.
    B   faire un croque monsieur.
    C   travailler.

2   Elle va à la librairie, elle voudrait:
    A   acheter du pain.
    B   jouer aux boules.
    C   acheter un cahier.

3   J'achète du jambon, je voudrais:
    A   faire des beignets.
    B   faire un masque.
    C   faire un croque-monsieur.

4   Il prend l'avion, il voudrait:
    A   aller au magasin.
    B   aller en France.
    C   aller à l'école.

5   Tu prends la trousse, tu voudrais:
    A   un crayon.
    B   de la farine.
    C   un coca.

6   Elle prend le train, elle voudrait:
    A   utiliser un ordinateur.
    B   lire un livre.
    C   aller chez Sylvie.

7   J'utilise un ordinateur, je voudrais:
    A   travailler.
    B   faire un masque.
    C   manger des croissants.

8   On prend du papier, on voudrait:
    A   boire de l'eau.
    B   prendre le vélo.
    C   écrire en classe.

59

Leçon 17

venir
to come

je viens
tu viens
il vient
elle vient
on vient

 **chez moi**

 chez toi

 **chez lui**

 chez elle

1

2

3

4

5

Qui va chez qui ?

Follow the lines and tell where these people are going using "chez."
Example: **La prof va chez**........................?

le chef
the cook

le facteur
the mail person

la prof
the teacher

l'actrice
the actress

le conducteur
the bus driver

le controleur
the conductor

l'ouvrier
the worker

le vendeur
the sales person

la libraire
the bookstore sales person

le directeur
the manager

le serveur
the waiter

le mécanicien
the mecanic

l'épicière
the store owner

le pompier
the fireman

le policier
the fireman

le boulanger
the baker

l'infirmière
the nurse

le docteur
the doctor

Où travaillent-ils? Complete the sentences by telling where these people work.

1   La prof travaille dans
_____

2 _ _ Le contrôleur _ _ _ _ _ _ _ _ _ _ _ _ _ _ _ _ _
_____

3 _ _ Le serveur _ _ _ _ _ _ _ _ _ _ _ _ _ _ _ _ _ _
_____

4 _ _ Le conducteur _ _ _ _ _ _ _ _ _ _ _ _ _ _ _
_____

5 _ _ L'épicière _ _ _ _ _ _ _ _ _ _ _ _ _ _ _ _ _ _
_____

6 _ _ Le boulanger _ _ _ _ _ _ _ _ _ _ _ _ _ _ _ _
_____

7 _ _ La libraire _ _ _ _ _ _ _ _ _ _ _ _ _ _ _ _ _ _
_____

8 _ _ Le vendeur _ _ _ _ _ _ _ _ _ _ _ _ _ _ _ _ _
_____

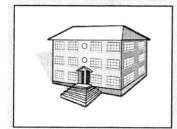   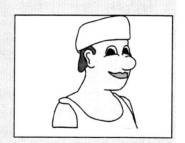

Leçon 18

| lundi | mardi | mercredi | jeudi | vendredi | samedi | dimanche |

1

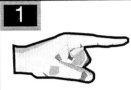  

2

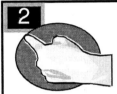  

3

4

5

Au café

*rencontre to meet somebody.
*dans la rue: in the street.
*appelle: calls.
*apporte: brings
*la commande: the order.
*d'accord: OK, sure, I agree.
*de rien: you are welcome.
*bon appétit: enjoy your meal.
*un gâteau: a cake.

Je voudrais un croissant et un chocolat s'il te plaît.
Bonjour Hiko, ça va?
Gérard apporte* la commande.
Sylvie rencontre* Hiko dans_la_rue*
Salut Sylvie, oui, ça va.
Hiko va au café avec Sylvie.
Gérard travaille au café.
Je vais au café.
Merci Gérard.
Hiko appelle* Gérard.
Gérard prend la commande.*
Qu'est-ce que tu fais ?
Est-ce que tu veux venir avec moi ?
Je voudrais un gâteau* et un café s'il te plaît.
D'accord.*
Merci beaucoup Gérard.
De rien.* Bon appétit!

*rencontre to meet somebody.
*dans la rue: in the street.
*appelle: calls.
*apporte: brings
*la commande: the order.
*d'accord: OK, sure, I agree.
*de rien: you are welcome.
*bon appétit: enjoy your meal.
*un gâteau: a cake.

Leçon 19

être  je suis
tu es
il est
elle est
on est

to be

 français
française

 américain
américaine

1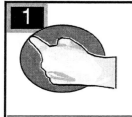

2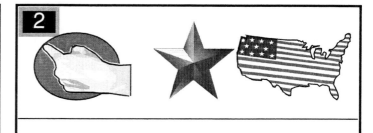

3

4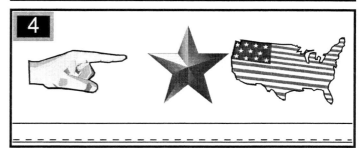

5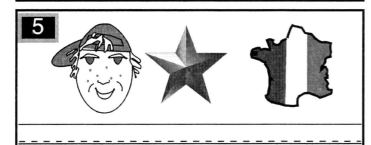

6

7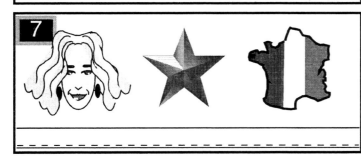

8

9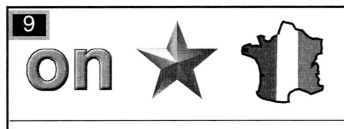

10

Imagine the dialogues starting the questions with **Est-ce que tu es...?**

Où sont-ils?
le vendeur - le boulanger - le conducteur - la prof - le serveur - le contrôleur

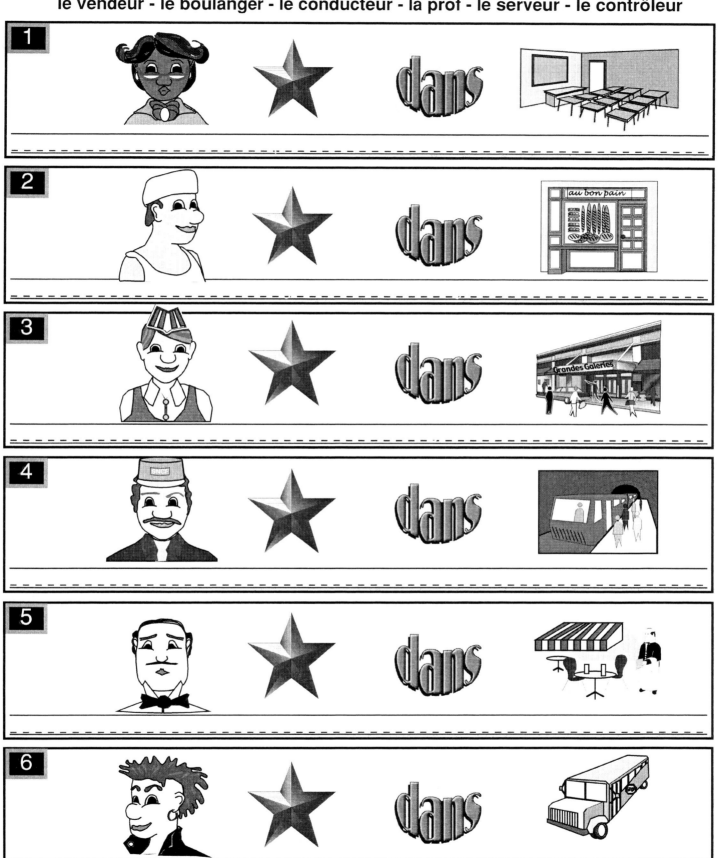

Leçon 20

je suis - je **ne** suis **pas**
tu es - tu **n'es pas**
il est - il **n'est pas**
elle est - elle **n'est pas**
on est - on **n'est pas**

grand
grande

petit
petite

**Imagine what these people are saying
using the correct pronouns and adjectives "grand" & " petit."**

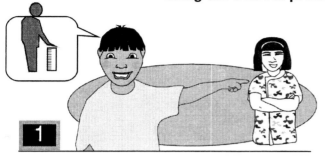

1

_ _ _ _ _ _ _ _ _ _ _ _ _

2

- - - - - - - - -
- - - - - - - - -

4

_ _ _ _ _ _ _ _ _ _ _ _ _ _ _

3

- - - - - - - - - - - - - - - - -

6

_ _ _ _ _ _ _ _ _ _ _
_ _ _ _ _ _ _ _ _ _ _

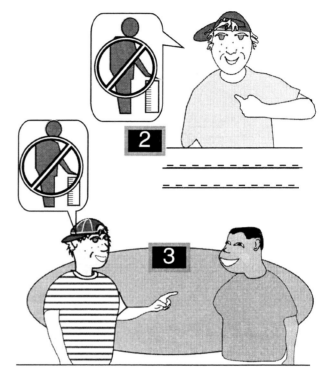

5

_ _ _ _ _ _ _ _ _ _ _ _ _ _ _ _ _
- - - - - - - - - - - - - - -

7

_ _ _ _ _ _ _ _ _ _ _ _ _ _ _

70

 fatigué
fatiguée

 content
contente

**Imagine what these people are saying
using the correct pronouns and adjectives "fatigué" & "content."**

_____

_____

_____

_____

4

_____

_____

_____

_____

71

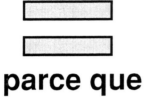

parce que je...
parce que tu...
parce qu'il...
parce qu'elle...
parce qu'on...

parce que

un croque-monsieur
des croque-monsieurs

1 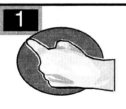   =  →

2    =  →

3   =

4    =

5    =

72

6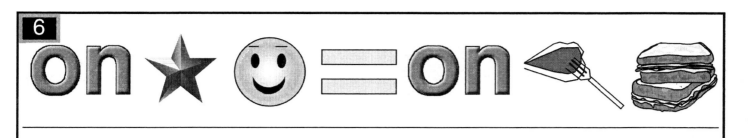

7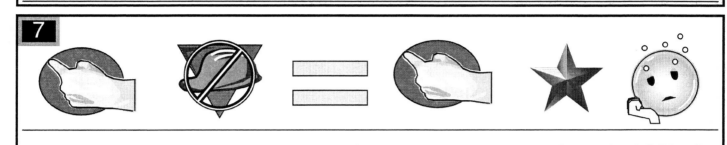

8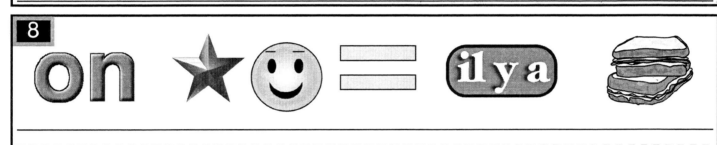

9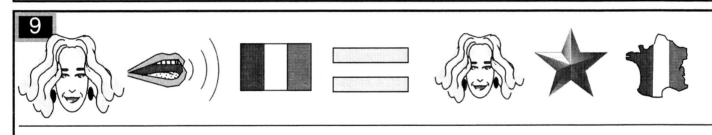

10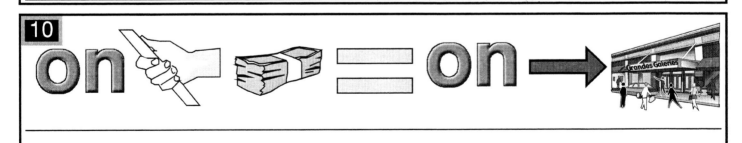

11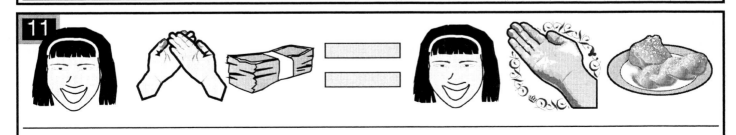

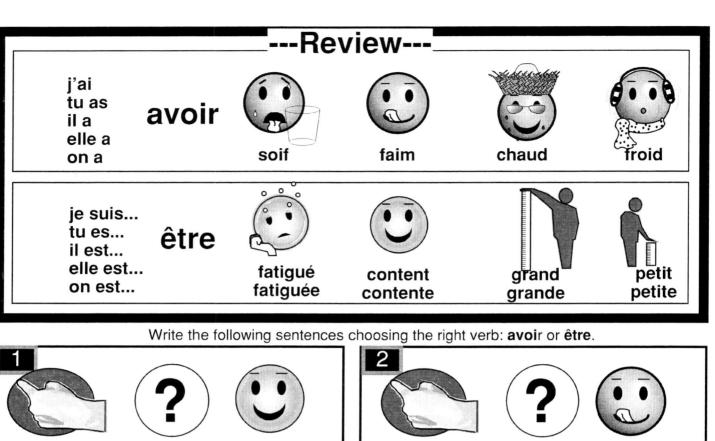

j'ai					
tu as	**avoir**	soif	faim	chaud	froid
il a					
elle a					
on a					

je suis...					
tu es...	**être**	fatigué	content	grand	petit
il est...		fatiguée	contente	grande	petite
elle est...					
on est...					

Write the following sentences choosing the right verb: **avoi**r or **être**.

1 Je suis content(e).

2

3

4

5

6

7

8

Imagine the dialogues starting the questions with 'Est-ce que tu.. ' and the answers with 'Non, je...

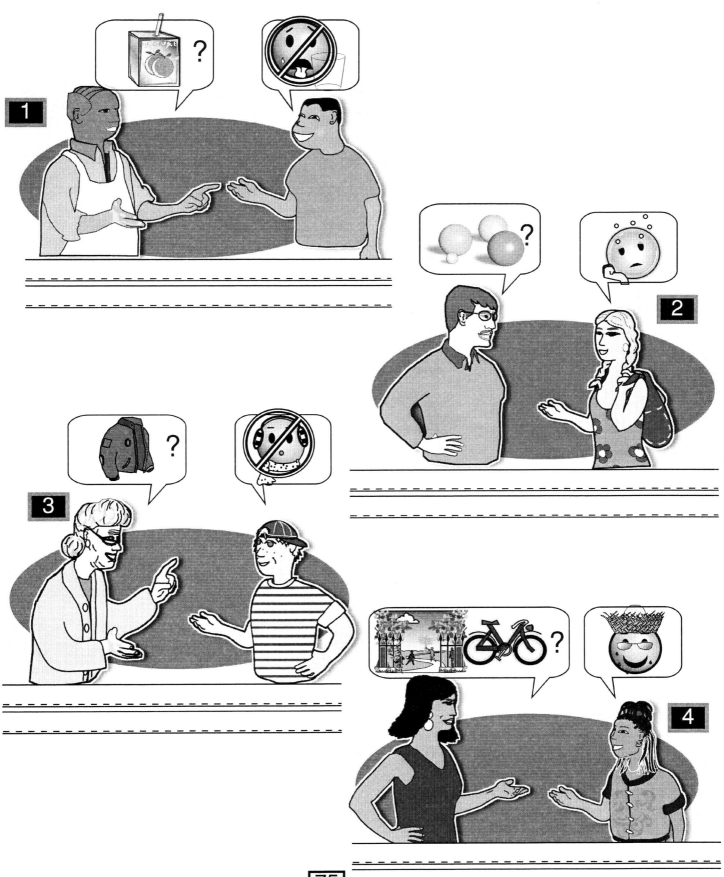

Finish the sentences and circle the correct answers.

1 Je ne vais pas au magasin parce que
    A j'ai de l'argent.
    B je n'ai pas d'argent.
    C j'ai soif.

2 Je mange des beignets parce que:
    A j'ai froid.
    B je suis grand.
    C j'ai faim.

3 Elle ne prend pas le bus parce qu':
    A elle n'a pas de billet.
    B elle a chaud.
    C elle a froid.

4 Je voudrais un coca parce que:
    A je suis content.
    B j'ai faim.
    C j'ai soif.

5 Je n'écris pas parce que:
    A je ne parle pas anglais.
    B je suis dans le métro.
    C je n'ai pas de stylo.

6 Elle parle bien français parce qu':
    A elle est américaine.
    B il est français.
    C elle est française.

7 Je prends de l'argent parce que:
    A je voudrais de l'argent.
    B je suis fatiguée.
    C je vais à la librairie.

8 On ne parle pas anglais parce qu':
    A tu es français.
    B on est français.
    C elle est française.

Le cadeau de Brigitte

Le cadeau de Brigitte

Match the sentences with the pictures on page 77

1 _____
2 _____
3 _____
4 _____
5 _____
6 _____
7 _____
8 _____
9 _____
10 _____
11 _____
12 _____
13 _____
14 _____
15 _____
16 _____

*ton chien: your dog.
*pourquoi?: why?
*son anniversaire: her birthday.
*je peux: I can.
*ils arrivent: they arrive.
*choisit: chooses.
*j'adore: I love.
*ouvre: opens

Est-ce que je peux* venir avec toi?
Elle ouvre* le cadeau.
C'est pour ton anniversaire.
Non, je vais au magasin.
Pourquoi?*
Je vais acheter un cadeau pour Brigitte.C'est son anniversaire.*
Super j'adore* ce vélo! Merci beaucoup Gérard!
D'accord.
Alain rencontre Gérard.
Ils arrivent* au magasin.
Gérard choisit* un vélo.
Tu vas au parc avec ton chien?*
Il arrive chez Brigitte.
Salut Gérard, ça va ?
Qu'est-ce que c'est ?
Salut Alain ça va bien merci.

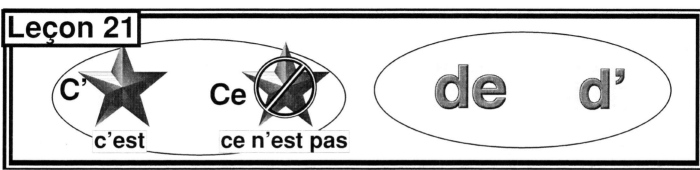

c'est   ce n'est pas   de   d'

1

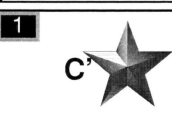  de

2

  de

3

  d'

4

  d'

5

 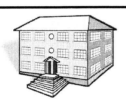 de  et d'

Questions et réponses: **Est-ce que c'est.... Non, c'est......**

1

Est-ce que c'est le sac d'Antoine?

Non, c'est le sac d'Hiko.

2

3

4

5

6

7

8

80

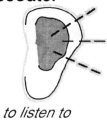
écouter

j'écoute
tu écoutes
il écoute
elle écoute
on écoute

to listen to

regarder

to look at

je regarde
tu regardes
il regarde
elle regarde
on regarde

---

1   de

---

2  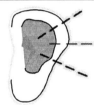  de

---

3 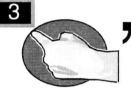 ' 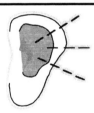  de

---

4 on    d'

---

5    d'

| un film | la télé | la radio | de la musique |
| le film | | | |

1

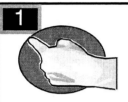   

_____

2

 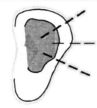  chez

_____

3

_____

4

on  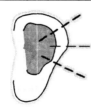  d'

_____

5

_____

Imagine the dialogues starting the questions with '**Est-ce que tu..** ' and the answers with '**Non, je...**

Oral Review. Describe these scenes

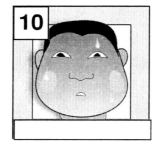

84

La glace de Gérard

1 _____

2 _____

3 _____

4 _____

5 _____

6 _____

7 _____

8 _____

9 _____

10 _____

*veux: want
*chercher: get , look for
*revient: comes back
*voit: sees
*qui: who
*sa glace: his ice cream

Gérard revient* avec de l'eau.
Non merci.
Il voit* Antoine qui* mange sa glace.*
Il est n'est pas content.
Antoine est au café avec Gérard.
Gérard mange une glace avec
Antoine.
Gérard a soif.
Antoine regarde la glace de Gérard.
Est-ce que tu veux* de l'eau ?
Gérard va chercher* de l'eau.

Questions

Où est Antoine ?

....

Qui a soif ?

....

Qui va chercher de l'eau ?

....

Pourquoi est-ce que Gérard n'est pas content ?

....

Leçon 22

pouvoir

je peux
tu peux
il peut
elle peut
on peut

can , to be able to

au cinéma

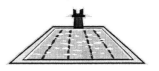
à la piscine

1

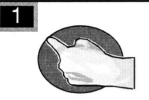   

_____

2

_____

3

_____

4

_____

5

   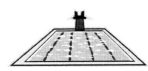

_____

87

Imagine the dialogues: **Est-ce que tu peux...** and **Non, je ne peux pas...**

88

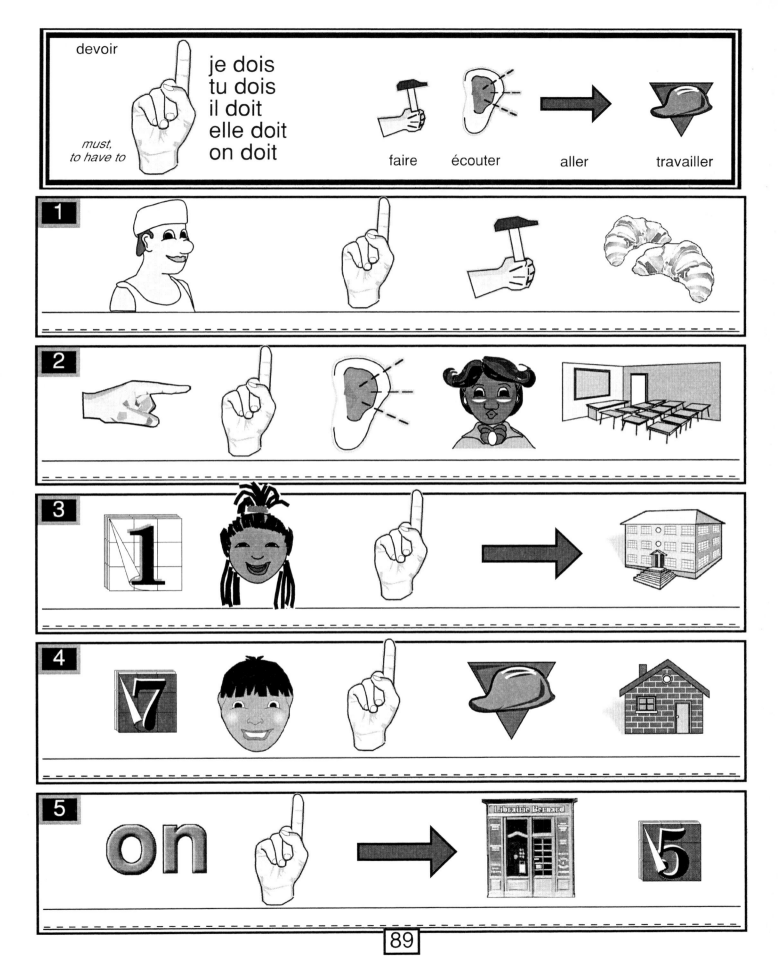

Imagine these diaglogues using : **Est-ce que tu peux...?**   **Non, je dois...**

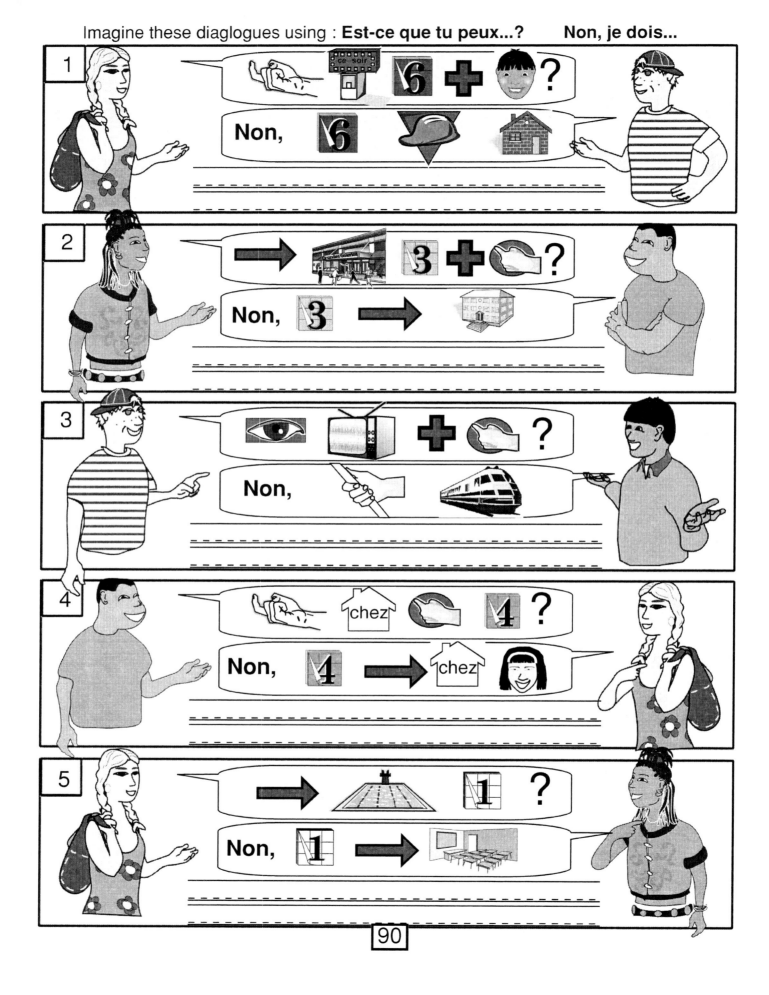

90

Au téléphone

Au téléphone

Match these sentences with the scenes on page 91

1 _____
2 _____
3 _____
4 _____
5 _____
6 _____
7 _____
8 _____
9 _____
10 _____
11 _____
12 _____

Bonjour Sylvie. Comment ça va?
Ça va bien merci.
Non, je dois travailler avec Brigitte.
Hiko lit une bande dessinée à la maison.
Elle écoute la radio.*
C'est Sylvie.
Allo Hiko? C'est moi Sylvie.
D'accord. Au revoir.
Le téléphone sonne.*
Elle se lève.
Elle prend le téléphone.
Est-ce que tu peux venir au parc avec moi?

*le téléphone: the phone.
*sonne: rings
*elle se lève: she gets up
*au revoir: goodbye

Questions

Où est Hiko?

....

Que fait-elle?

....

Que voudrait Sylvie

....

Que répond Hiko?

....

92

Leçon 23

 **mais**

but

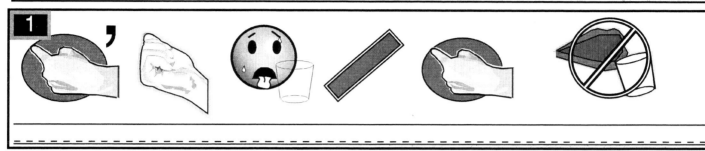

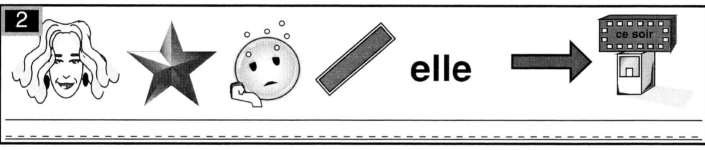 **elle**

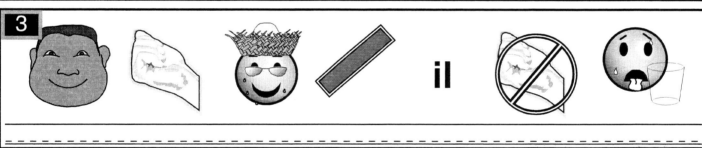 **il**

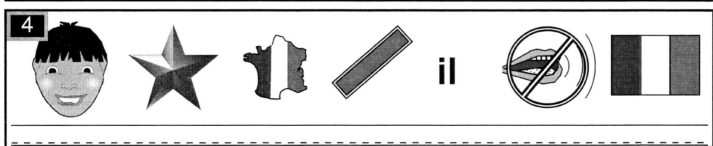 **il**

 **on** ... **on**

93

Finish the sentences and circle the correct answers.

1   Je suis fatigué mais...

    A   je vais à l'école.
    B   je n'ai pas d'argent.
    C   j'ai soif.

2   Je vais au magasin mais...

    A   j'ai froid.
    B   je suis grand.
    C   je n'ai pas d'argent.

3   Elle joue bien au basket mais...

    A   elle est petite.
    B   elle a chaud.
    C   elle a froid.

4   Tu regardes la télé mais...

    A   je suis content.
    B   tu dois travailler.
    C   tu regardes la télé.

5   On veut regarder un film mais...

    A   on va au cinéma.
    B   on ne va pas au cinéma.
    C   on mange des croissants.

6   Elle parle bien français mais...

    A   elle est américaine.
    B   il est français.
    C   elle est française.

7   Il a soif mais...

    A   il boit de l'eau.
    B   il mange des frites.
    C   il ne boit pas.

8   On parle anglais mais...

    A   on est américain.
    B   on est français.
    C   elle est française.

6

7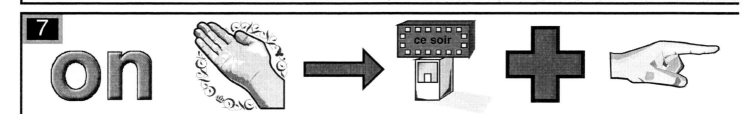

8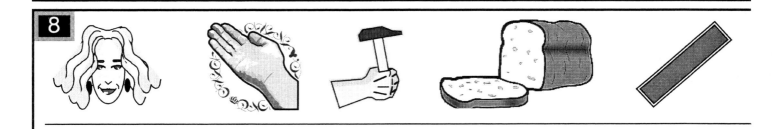

9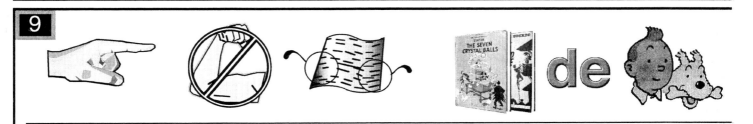

10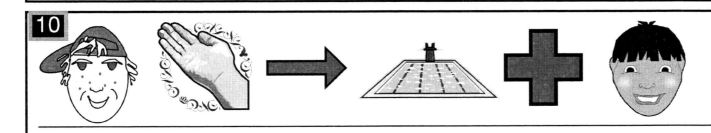

11

 il = il

 on  = on

elle  = elle

 il = il

  = c'

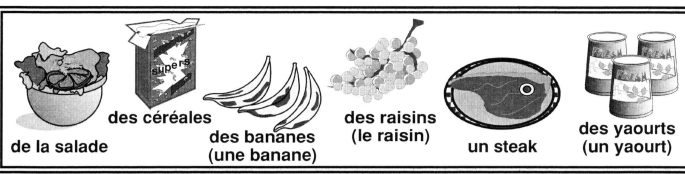

de la salade   des céréales   des bananes (une banane)   des raisins (le raisin)   un steak   des yaourts (un yaourt)

1
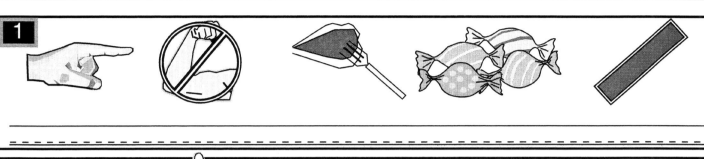

2
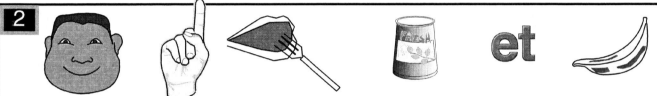

3

4
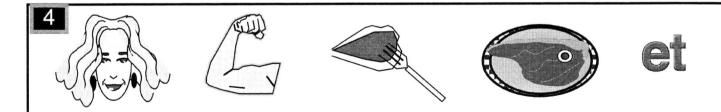

5
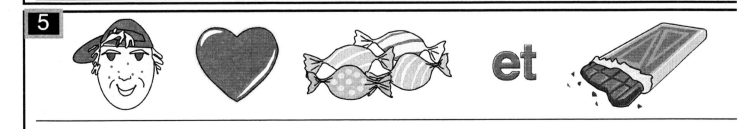

97

des tomates   **des biscuits**   **des bonbons**   **du chocolat**
(une tomate)   **(un biscuit)**   **(un bonbon)**

   **et**

 **il**

     **et**

 **elle**

 **il**    **et**

98

**Est-ce que je peux ...?
Non, tu ne peux pas..., tu dois ...**

Leçon 24

le matin   l'après-midi   le soir

le goûter   snack

After school French children enjoy a snack that they call "le goûter." It can consists in any of the items below.

6  on  et

_____

et on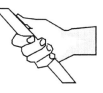

_____

7 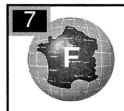 on

_____

 on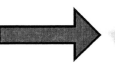

_____

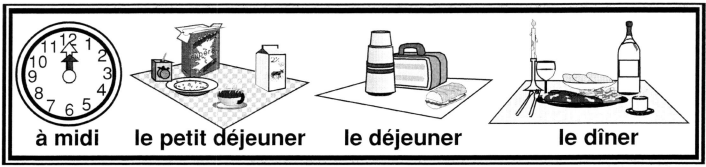

à midi | le petit déjeuner | le déjeuner | le dîner

8

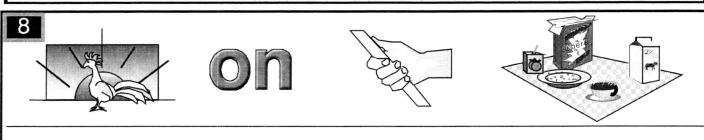

_____

9

_____

10

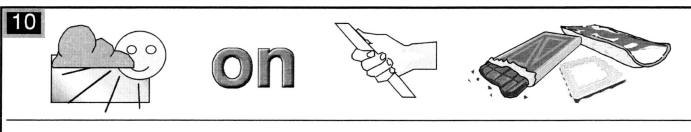

_____

11

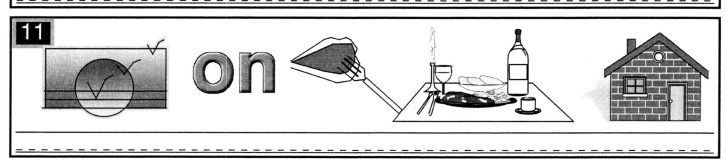

_____

12

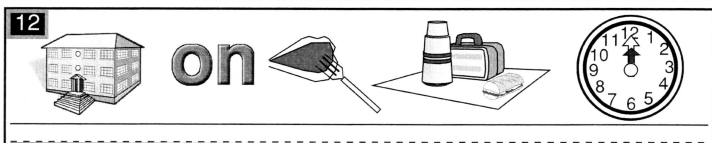

_____

102

Qu'est-ce qu'ils prennent, où et quand ?
Describe these scenes, the time and where they take place.

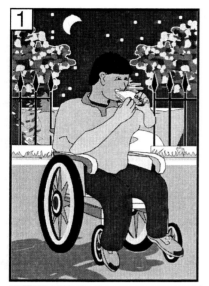

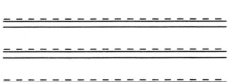

103

Leçon 25

la soeur
the sister

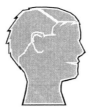
le frère
the brother

le père
the father

la mère
the mother

 1

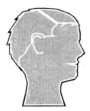 de

2

 de

3

 de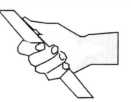

4

 d'

5

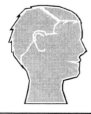 de

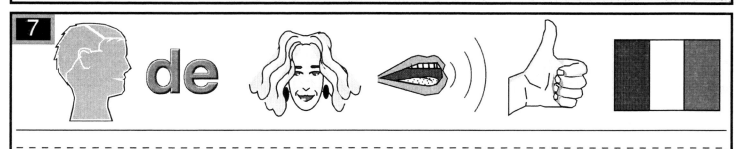

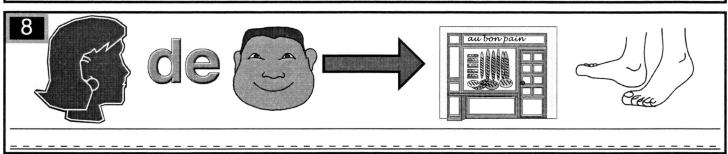

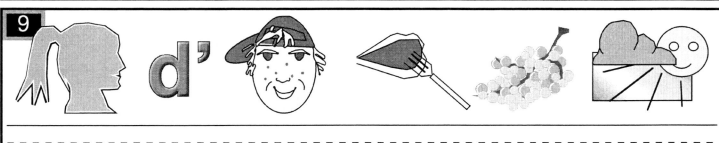

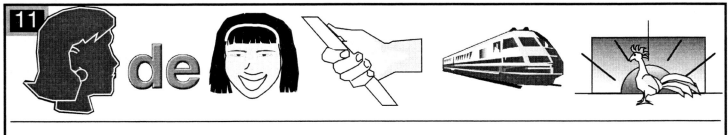

105

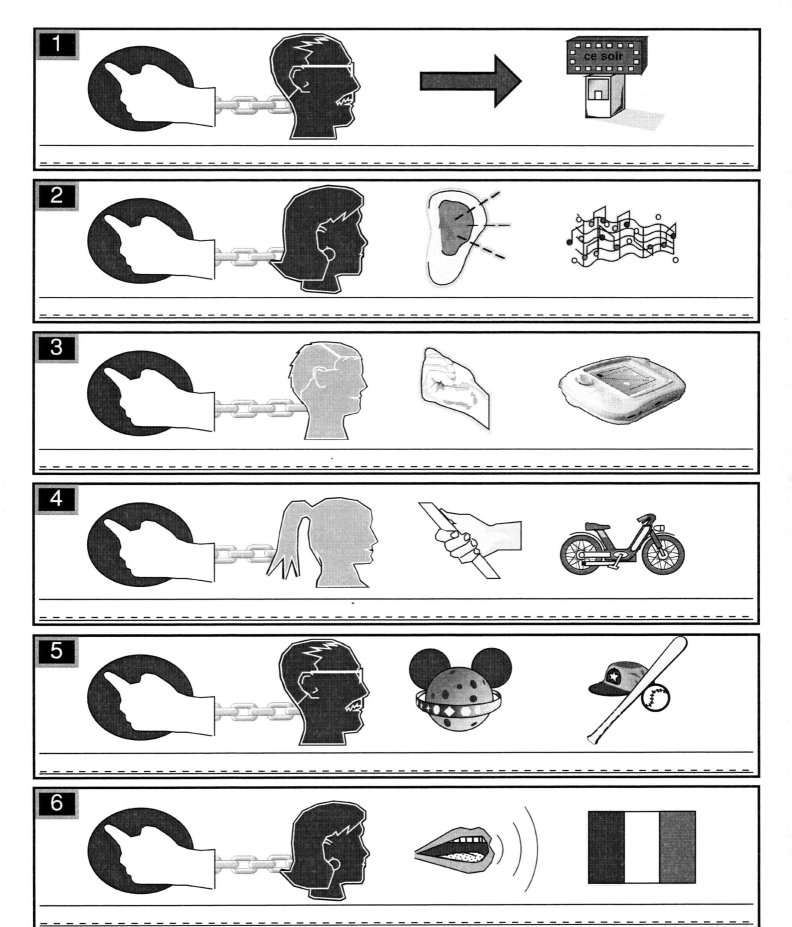

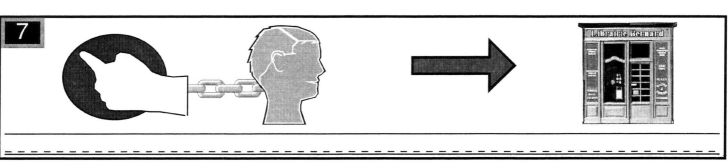

_____
= = = = = = = = =

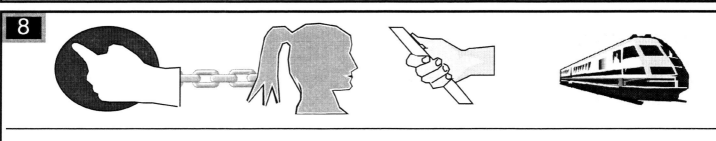

_____
= = = = = = = = =

_____
= = = = = = = = =

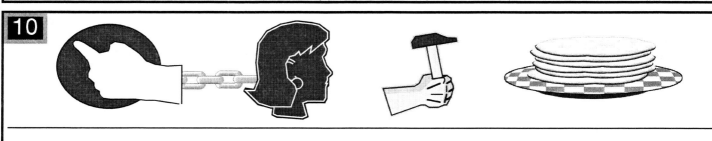

_____
= = = = = = = = =

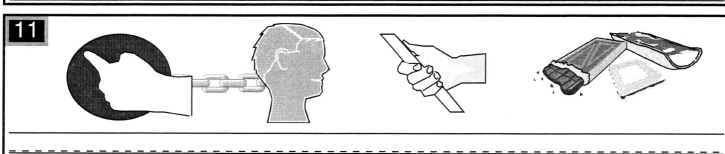

_____
= = = = = = = = =

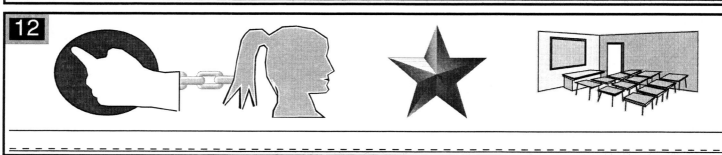

_____
= = = = = = = = =

108

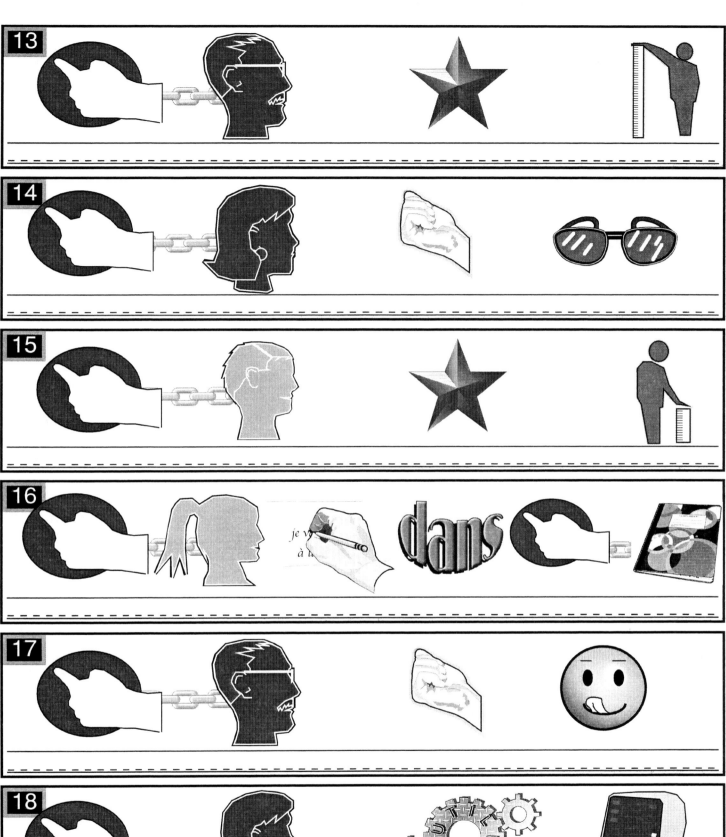
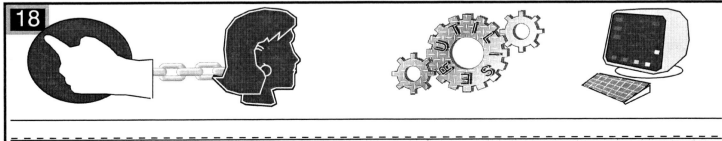

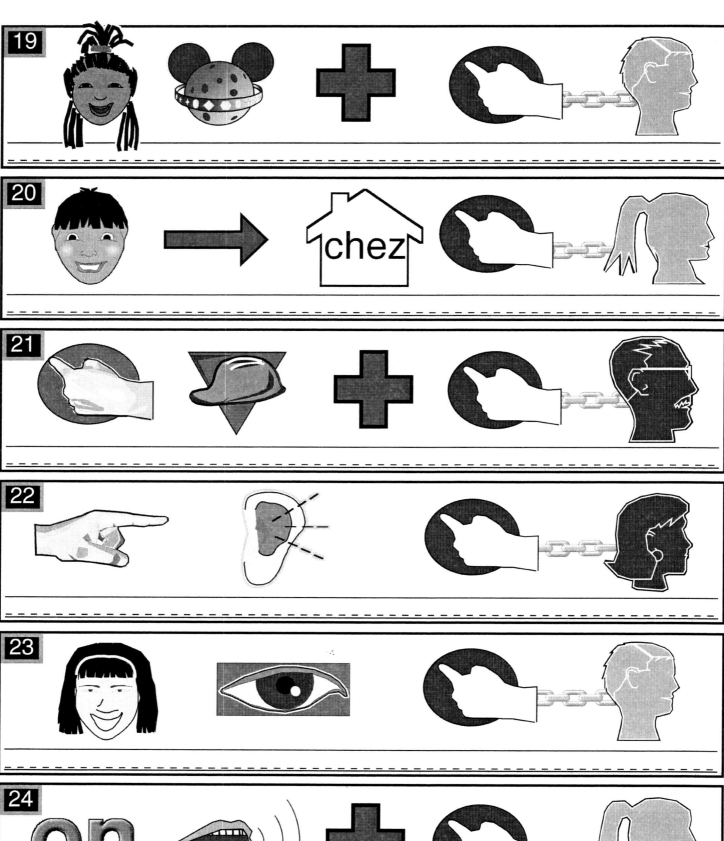

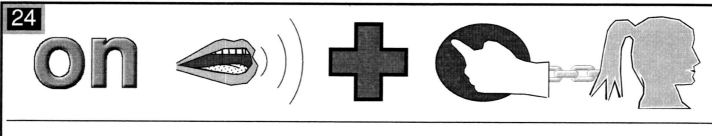

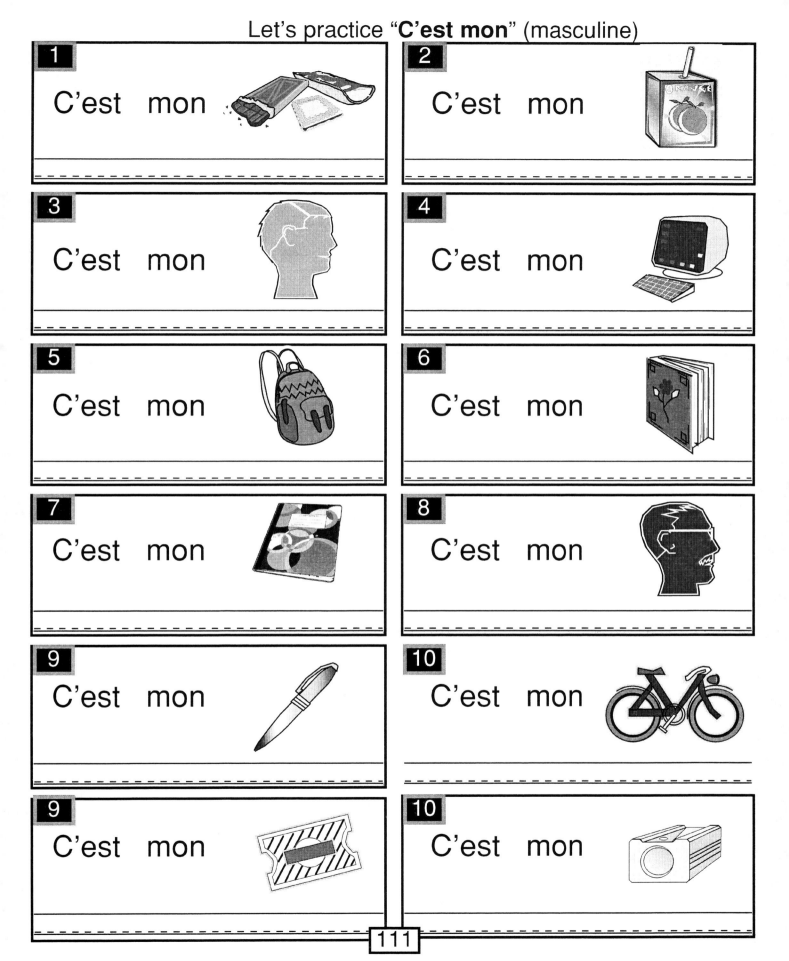

1	C'est mon

2	C'est mon

3	C'est mon

4	C'est mon

5	C'est mon

6	C'est mon

7	C'est mon

8	C'est mon

9	C'est mon

10	C'est mon

9	C'est mon

10	C'est mon

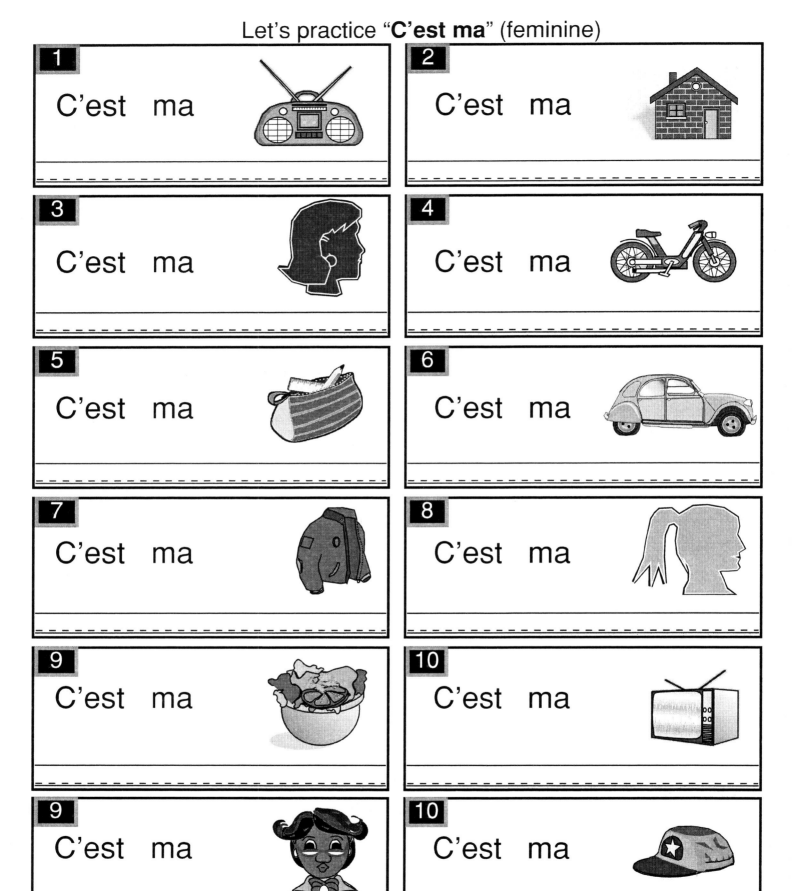

 mon
ma

 ton
ta

my   *your*

Imagine these dialogues using

C'est ton...?   **Oui** c'est mon...

C'est ta...?   **Oui**, c'est ma...

?

1

C'est ta   ?

Oui, c'est ma

2

?

3

4

?

5

6

?

7

8

113

 **mon**
ma

 **ton**
ta

Imagine these dialogues using

C'est ton...? **Non,** ce **n'est pas** mon...
C'est ta...? **Non,** ce **n'est pas** ma...

1

C'est _____

Non, ce n'est pas _____

2

3

4

5

6

7

8

114

her

son
sa

'Qu'est-ce que c'est ?'
Answer by using **C'est son...**
or **C'est sa...**

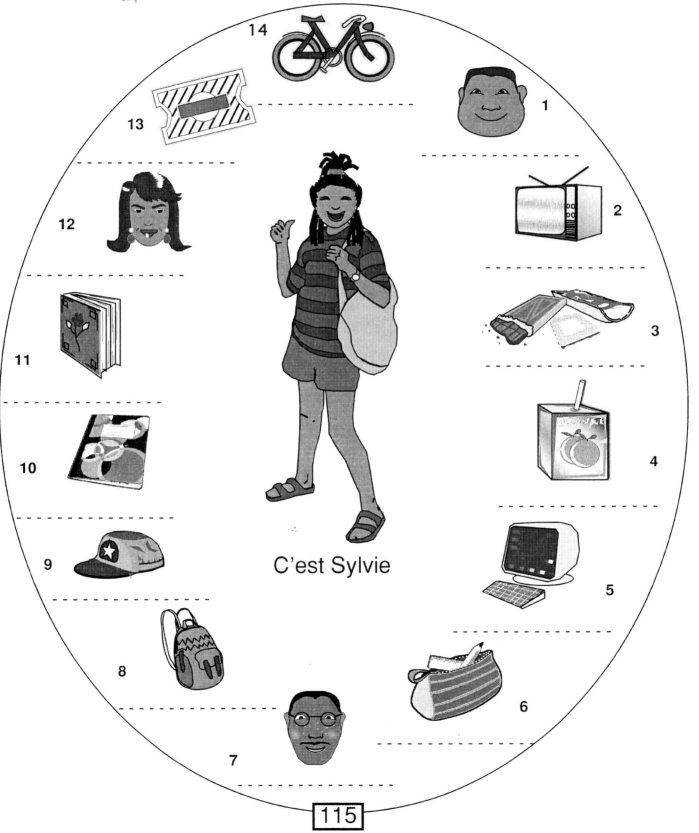

14

13

12

11

10

9

8

7

C'est Sylvie

1

2

3

4

5

6

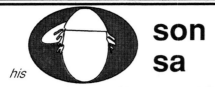

son
his
sa

'Qu'est-ce que c'est ?'
Answer by using **C'est son...**
            or **C'est sa...**

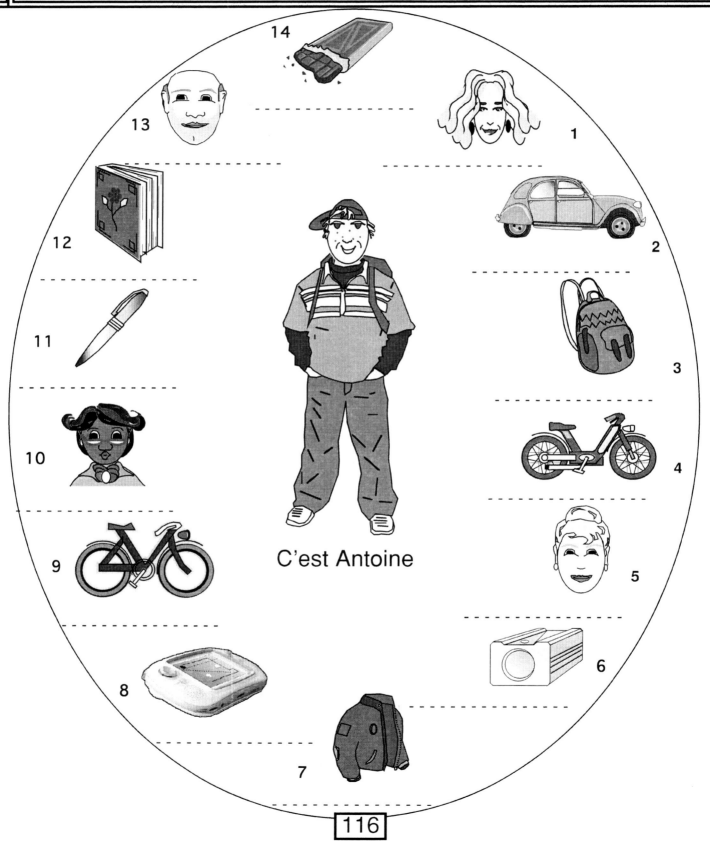

C'est Antoine

Finish the sentences and circle the correct answers.

1　L'après-midi je prends

    A   mon petit déjeuner.
    B   son goûter.
    C   mon goûter.

2　Le matin je vais à l'école avec:

    A   mon vélo.
    B   mon diner.
    C   son vélo.

3　Ma mère va au magasin avec:

    A   son taille-crayon.
    B   sa voiture.
    C   son jus d'orange.

4　Ce soir je voudrais jouer avec:

    A   mon chocolat.
    B   mon jeu vidéo.
    C   mon cahier.

5　Dans ta trousse il y a:

    A   son taille-crayon.
    B   ton taille-crayon .
    C   mon taille-crayon.

6　Ta mère parle français avec ton:

    A   soeur.
    B   père.
    C   vélo.

7　Elle prend sa veste parce qu'elle a:

    A   chaud.
    B   froid.
    C   sa veste.

8　À midi je prends:

    A   mon dîner.
    B   mon goûter.
    C   mon déjeuner.

mon
ma

ton
ta

son
sa

son
sa

Imagine what these persons are saying:

c'est mon   c'est ton   c'est son
c'est sa   c'est ta   c'est sa

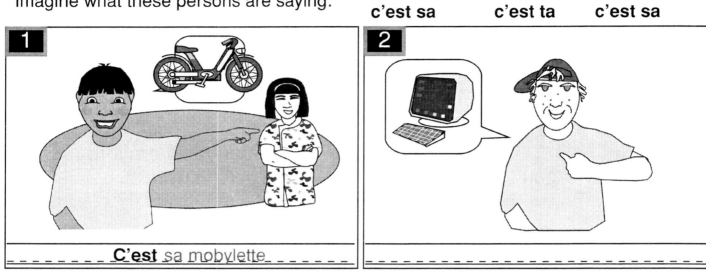

1

C'est *sa mobylette*

2

3

4

5

6

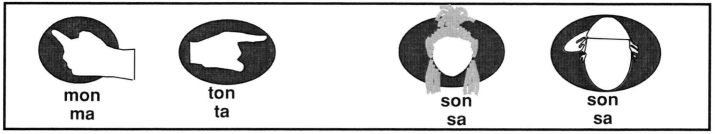

Imagine what these persons are saying:

c'est mon   c'est ton   c'est son
c'est sa   c'est ta   c'est sa

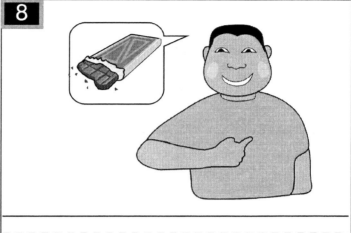

Leçon 27

s'amuser

to have fun

se reposer

to rest

je m'amuse	je me repose
tu t'amuses	tu te reposes
il s'amuse	il se repose
elle s'amuse	elle se repose
on s'amuse	on se repose

1 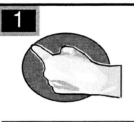 m' et me

2 te et t'

3 s' et se

4 s' ➕

5 on se et on s'

120

 une copine
la copine

ma copine
ta copine
sa copine

girl friend

un copain
le copain

mon copain
ton copain
son copain

boy friend

6 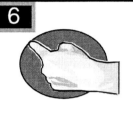 m'

7 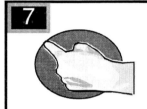me

8 t'

9 te

10  s'

   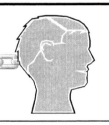

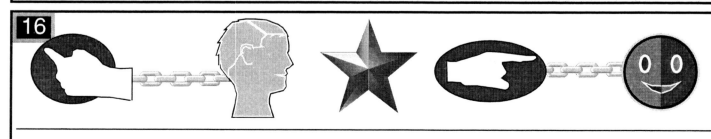

122

Describing what they are saying as shown in the examples below.

1. Ma mère va au magasin.

2. Mon frère est français.

Leçon 28

la chambre
une chambre

ma chambre
ta chambre
sa chambre

bedroom

1

2

3

4

5

Describe these scenes

Une visite de Gérard

1 _____

2 _____

3 _____

4 _____

5 _____

6 _____

7 _____

8 _____

9 _____

10 _____

11 _____

12 _____

13 _____

Cet après-midi Antoine est dans sa chambre.
Il se repose et écoute de la musique.
Gérard arrive.
Il sonne* `a la porte.*
Salut.
Salut Gérard, ça va ?
Qu'est-ce que tu fais cet après-midi?
J'éoute de la musique dans ma chambre.
Tu veux aller jouer au foot?
Non, je suis fatigué.
On va jouer à un jeu vidéo dans ta chambre ?
D'accord.
Antoine s'amuse dans sa chambre avec son copain.

*il sonne: he rings the bell
* la porte: the door.

Questions

Où est Antoine?

....

Que fait-il?

....

Qui sonne à la porte?

....

Pourquoi est-ce que Gérard ne veut pas jouer au foot?

....

Leçon 29

s'appeler

my name is

je m'appelle
tu t'appelles
il s'appelle
elle s'appelle
on s'appelle

Personal questions: Answer Gérard's questions...

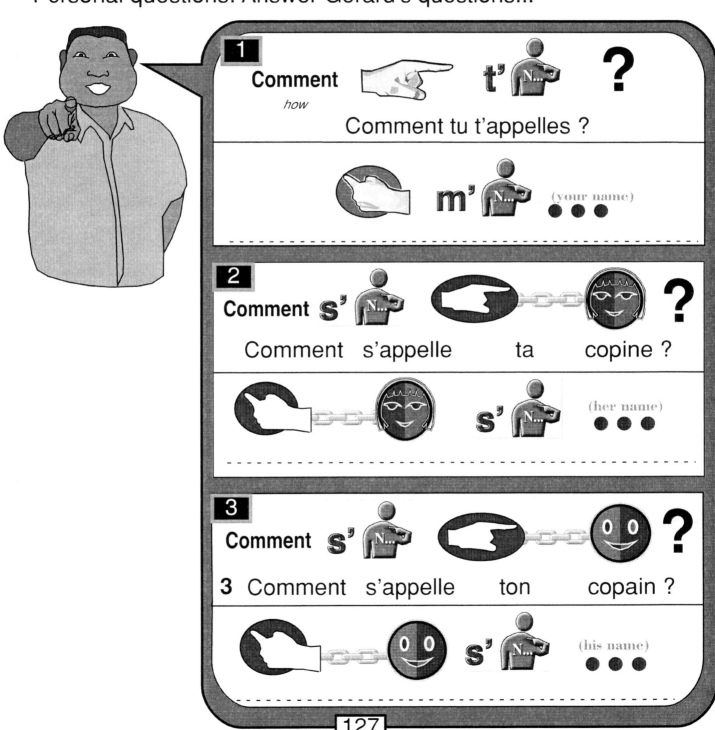

1

Comment *how*

Comment tu t'appelles ?

m' (your name) ● ● ●

2

Comment s'

Comment s'appelle ta copine ?

s' (her name) ● ● ●

3

Comment s'

3 Comment s'appelle ton copain ?

s' (his name) ● ● ●

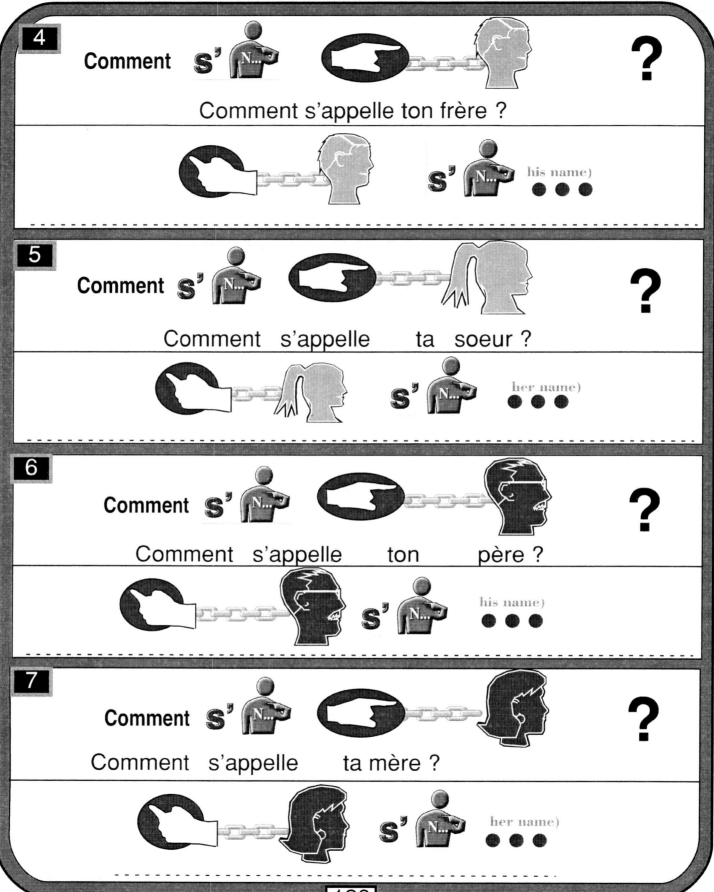

4

Comment s'appelle ton frère ?

(his name)

5

Comment s'appelle ta soeur ?

(her name)

6

Comment s'appelle ton père ?

(his name)

7

Comment s'appelle ta mère ?

(her name)

un chat
le chat

mon chat
ton chat
son chat

un chien
le chien

mon chien
ton chien
son chien

1

 s' ... Tigre et

_____
- -

2

s' N... Rex et

_____
- -

3

s' N... Blacky et s'

_____
- -

4

s' N... Kiku et se

_____
- -

5   **Describe the scenes.**   **6**

_____   _____
= = = = = = = = = = = =   = = = = = = = = = = = =
- - - - - - - - - - - -   - - - - - - - - - - - -

What are their names?

Refer to page 61 for professions

Complete these sentences refering to the top of this page and page 106, 130 & 131.

Françoise   **Amélie**   **Yves**   **Marcel**

1. La soeur d'Antoine s'appelle ....

2. Le ....de Gérard ....Antoine.

3. Le père de Sylvie ....

4. La ....s'appelle Joëlle.*(page 130)*

5. Le ....de Brigitte .... Marcel.

6. La mère d'Antoine ....

7. Le chien de Sylvie ....

8. La .... de Gérard ....Amélie.

9. La .... de Sylvie .... Brigitte.

10. Le chat d'........................... s'appelle Kiku. *(page 129)*

11. Le père de Brigitte ....

12. Le conducteur s'appelle .... *(page 130)*

13. Le .... s'appelle André. *(page 130)*

14. Le .... de Gérard .... Yves.

15. Le ....d'Antoine .... Gérard.

Let's learn these reflexive verbs

se réveiller	se lever	s'en aller	s'habiller	se laver
Je **me** réveille	Je **me** lève	Je **m'en** vais	Je **m'**habille	Je **me** lave
Tu **te** réveilles	Tu **te** lèves	Tu **t'en** vas	Tu **t'**habilles	Tu **te** laves
Il **se** réveille	Il **se** lève	Il **s'en** va	Il **s'**habille	Il **se** lave
Elle **se** réveille	Elle **se** lève	Elle **s'en** va	Elle **s'**habille	Elle **se** lave
On **se** réveille	On **se** lève	On **s'en** va	On **s'**habille	On **se** lave

C. Complete the following sentences.

1 je...........................

5 je...........................

9 je...........................

2 tu...........................

6 tu...........................

10 tu...........................

3 il...........................

7 il...........................

11 il...........................

4 elle...........................

8 elle...........................

12 elle...........................

13 on...........................

14 on...........................

15 on...........................

132

Le matin

Place these scenes in the correct order.

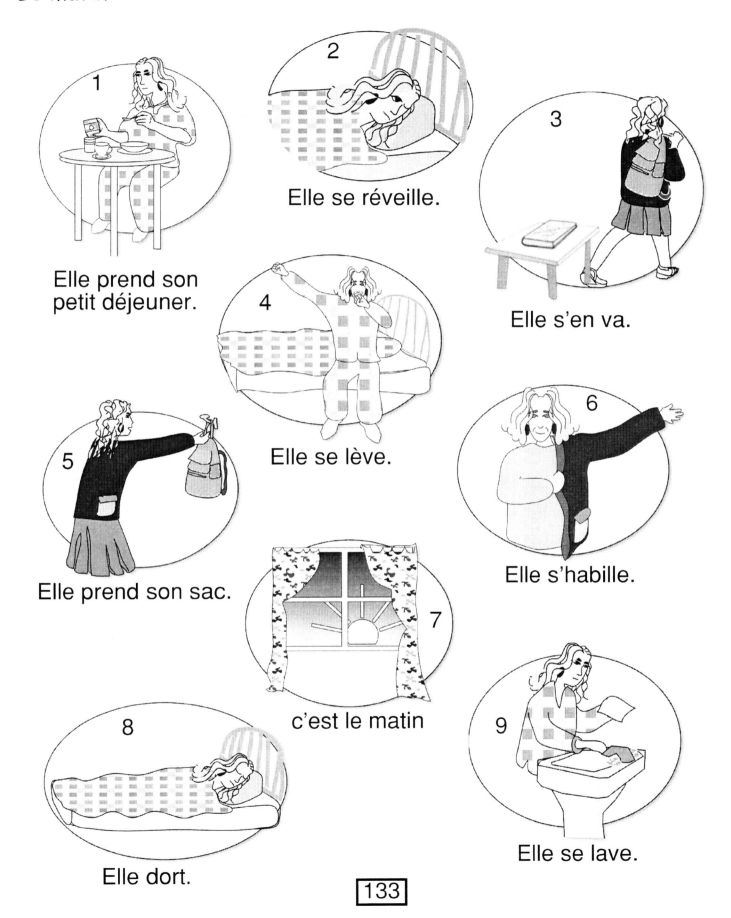

1 Elle prend son petit déjeuner.

2 Elle se réveille.

3 Elle s'en va.

4 Elle se lève.

5 Elle prend son sac.

6 Elle s'habille.

7 c'est le matin

8 Elle dort.

9 Elle se lave.

Write the sentences on page 133 in the correct order.

1: ....
2: ....
3: ....
4: ....
5: ....
6: ....
7: ....
8: ....
9: ....

Imagine the following dialogues using **Est-ce que tu te ...? Oui, je me ...**

1

_____ Est-ce que tu te _____? _____
======= Oui, je me ===========

2

_____ Est-ce que tu t' _____? ___
======= Oui, je m'

3

A la gare

Describe these scenes.

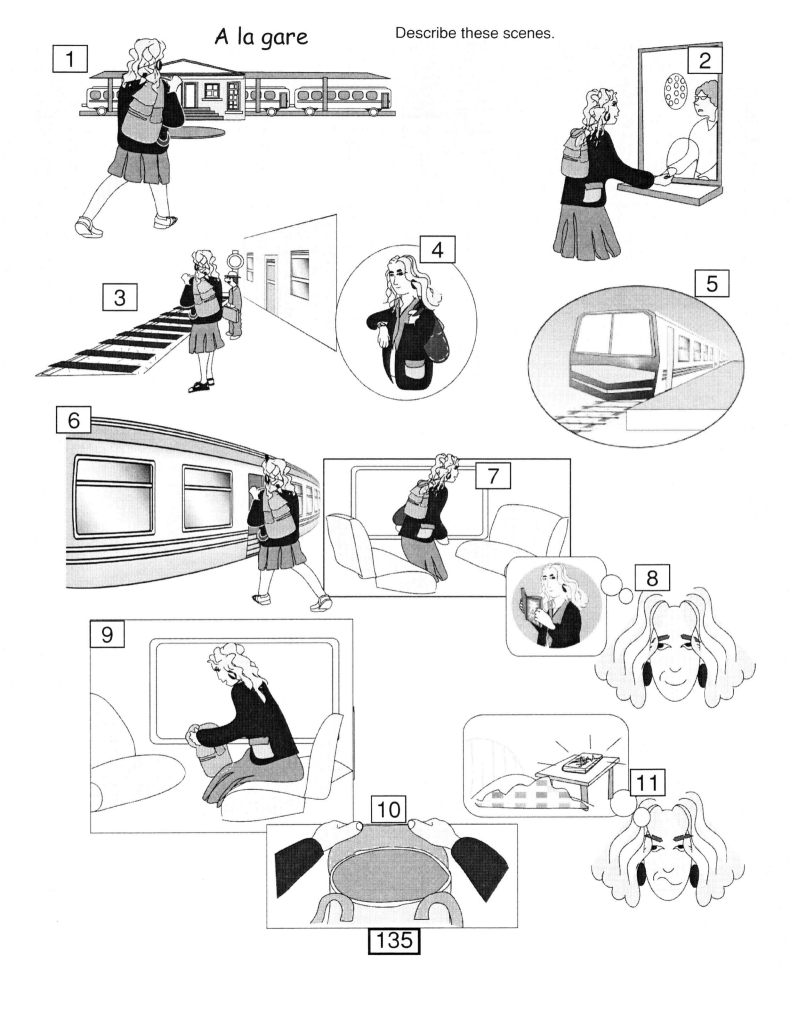

135

1 _____
2 _____
3 _____
4 _____
5 _____
6 _____
7 _____
8 _____
9 _____
10 _____
11 _____

Elle veut lire son livre.
Brigitte arrive à la gare.
Elle achète un billet de train.
Elle s'assied* dans le train.
Le livre n'est pas dans le sac.
Elle est fâchée parce que le livre est à la maison.
Elle attend* le train.
Elle prend son sac.
Elle regarde sa montre.*
Le train arrive.
Elle monte* dans le train.

*attend: waits
*monte: climbs, steps into...
*s'assied: sits down

la montre
une montre

Questions

Où arrive Brigitte?

....

Qu'est-ce qu'elle regarde?

....

Que veut-elle faire dans le train?

....

Que prend-elle?

....

Pourquoi est-elle fâchée?

....

A la boulangerie.

Describe these scenes.

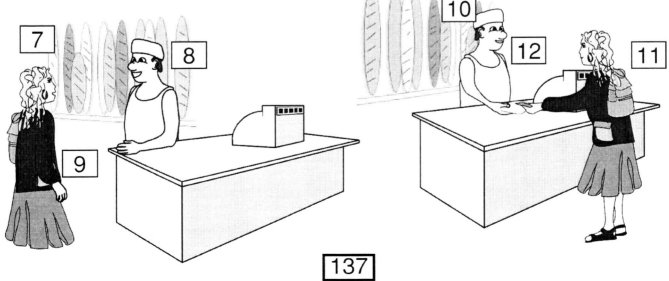

1 _____

2 _____

3 _____

4 _____

5 _____

6 _____

7 _____

8 _____

9 _____

10 _____

11 _____

12 _____

*descend: steps out
*sort: goes out
*entre: enters

Elle a faim et elle veut un croissant.
elle ouvre la porte et elle entre.
Bonjour monsieur.
Elle sort de la gare.
Bonjour mademoiselle.
Je voudrais un croissant s'il vous plaît.
Voilà mademoiselle. Ça fait 1 euro.
Le train est à la gare
Elle descend du train.
Il y a une boulangerie.
Voilà monsieur.
Merci, au revoir.

Questions

Où est le train?

....

Qui sort de la gare?

....

Où entre Brigitte?

....

Que veut-elle?

....

Combien coûte le croissant?

....

Leçon 30

je monte
tu montes
il monte
elle monte
on monte

monter dans

to climb, to step into

entrer dans
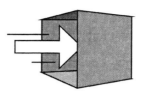
to enter

j'entre
tu entres
il entre
elle entre
on entre

je descends
tu descends
il descend
elle descend
on descend

descendre de

to go down, to step out of

sortir de
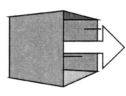
to exit, to go out

je sors
tu sors
il sort
elle sort
on sort

---

monter **dans le** bus

descendre **du** bus

entrer **dans le** magasin
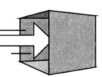  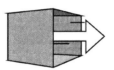
sortir **du** magasin

---

1 **j'**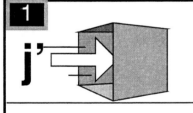

2 **elle**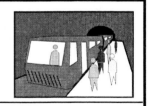

3 **tu**

4 **je**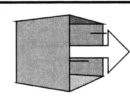

5 **il** 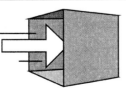 ce soir

6 **tu**

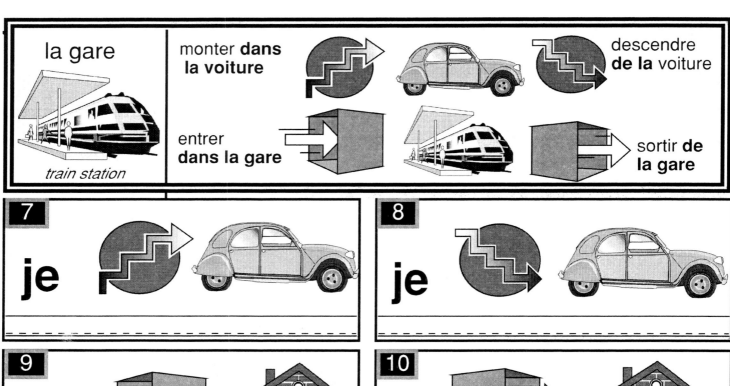

la gare

train station

monter **dans la voiture**

descendre **de la** voiture

entrer **dans la gare**

sortir **de la gare**

7 je

8 je

9 tu

10 tu

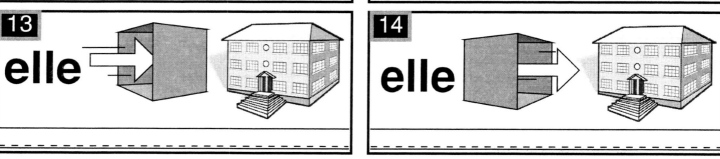

11 il

12 il

13 elle

14 elle

15 on

16 on

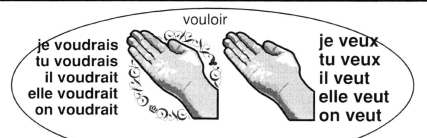

vouloir

je voudrais
tu voudrais
il voudrait
elle voudrait
on voudrait

je veux
tu veux
il veut
elle veut
on veut

un euro

1

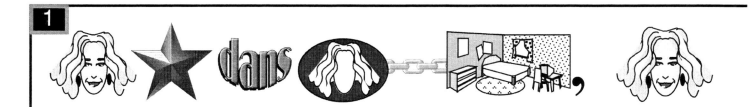

_____

2

_____

3

_____

4

_____

5

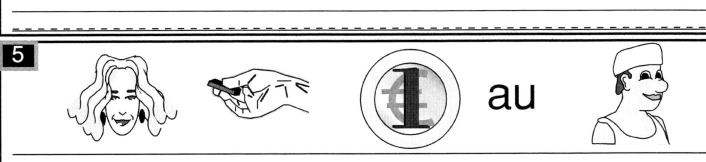

_____

donner

to give

je donne
tu donnes
il donne
elle donne
on donne

attendre

to wait

j'attends
tu attends
il attend
elle attend
on attend

 ,  ,  et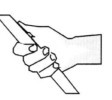

 et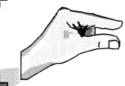

 et

 et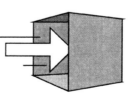

et    à

142

Review. Select the correct sentence for each scene by circling either A, B or C.

1.
A Il sort de l'épicerie.
B Il entre à l'épicerie.
C Il va à l'épicerie

2.
A Il descend du train.
B Il monte dans le train.
C Il monte dans le bus.

3.
A Elle monte dans la voiture.
B Il monte dans la voiture.
C Il descend de la voiture.

4.
A Elle descend du bus.
B Il descend du bus.
C Elle monte dans le bus.

4.
A Elle sort de l'école.
B Il entre dans l'école.
C Il sort de l'école.

6.
A Il entre dans l'épicerie.
B Elle sort de l'épicerie.
C Elle entre dans l'épicerie.

7.
A Elle descend de la voiture.
B Elle monte dans la voiture.
C Il descend du train.

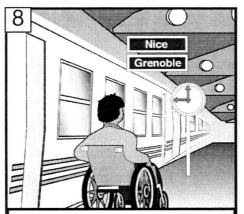

8.
A Il monte dans le train.
B Il descend du train.
C Il monte dans le bus.

9.
A Elle descend du bus.
B Il descend du bus.
C Elle monte dans le bus.

Match these scenes with the sentences below.

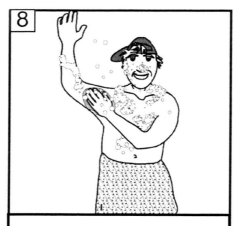

se dépêcher

je me dépêche
tu te dépêches
il se dépêche
elle se dépêche

tu hurry

Elle se lève.
Elle se dépêche.
Il s'amuse.
Il se repose.
Elle s'amuse.

Il se dépêche.
Elle s'en va.
Il s'habille.
Il se lave.

144

Describe these scenes.

Sur le chemin de l'école.

1 _____
2 _____
3 _____
4 _____
5 _____
6 _____
7 _____
8 _____
9 _____
10 _____

Elle voit* l'heure et elle est en retard.
Elle sort de la boulangerie.
Elle se dépêche.
Elle voudrait des chaussures mais elle n'a pas d'argent.
Elle voit un magasin de chaussures.
Elle regarde les chaussures.
Elle voit un homme qui peint.* *to paint*
Elle arrive au parc.
Elle voit un homme qui joue de la musique.
Elle voit un jeu de boules.

peindre: *to paint*

voir: *to see*

Questions

1. Qu'est-ce qu'elle voit après la boulangerie?

....

2. Pourquoi est-ce qu'elle n'achète pas chaussures?

....

3. Où va-t-elle après le magasin de chaussures?

....

4. Que voit-elle au parc?

....
....

5. Pourquoi se dépêche-t-elle?

....

Describe these scenes.

En retard à l'école.

1 _____
2 _____
3 _____
4 _____
5 _____
6 _____
7 _____
8 _____
9 _____
10 _____
11 _____
12 _____

La prof dit: "Tu es en retard Brigitte."
Elle arrive dans la classe.
C'est mercredi.
Brigitte dit: "Salut, Pierre, ça va?
Brigitte écoute la prof.
Gérard n'est pas content, il préfère* jouer.
Brigitte se dépêche* parce qu'elle est en retard.
Brigitte répond:"Je suis désolée* madame".
La prof appelle les élèves.*
Elle s'assied.
Pierre écoute la prof.
Antoine joue au foot dans la cour* avec Gérard.

*dans la cour: on the playground.
*préfère: prefers.
*les élèves: the students.
*désolée: sorry.
*répond: answers.

Questions

1. C'est quel jour?

....

2. Qui joue au foot dans la cour?

....

3. Pourquoi est-ce que Brigitte se dépêche?

....

4. Que répond Brigitte à la prof?

....

5. Est-ce qu'elle lit un livre?

....

Le prof n'est pas content.

Describe these scenes

1 _____

2 _____

3 _____

4 _____

5 _____

6 _____

7 _____

8 _____

9 _____

10 _____

11 _____

12 _____

Sylvie entre dans la classe avec Hiko.
Gérard regarde Antoine.
Le prof dit: "Antoine!"
Tu ne dois pas parler quand j'explique la leçon!
Salut les garçons.
Salut les filles.
Asseyez-vous!
Ouvrez vos livres!
Le prof explique la leçon.
Il appelle Gérard.
Bonjour classe, Entrez.
Antoine s'ennuie.

Questions

Où sont les élèves?

....

Que fait le prof?

....

Est-ce qu'Antoine aime la leçon?

....

Qui appelle Gérard?

....

Pourquoi est-ce que le prof n'est pas content?

....

Describe these scenes   Le test d'anglais

Match these sentences with the scenes on page 151.

1 _____
2 _____
3 _____
4 _____
5 _____
6 _____
7 _____
8 _____
9 _____
10 _____
11 _____
12 _____

Il donne le test à Antoine.
Le prof écrit un test au tableau.
Les filles regardent les garçons.
Les garçons regardent le tableau.
Il donne te test au prof.
Le prof prend le test d'Antoine.
Il lit le test d'Antoine.
Antoine prend un papier et un crayon.
Antoine lit la note.
Il est très content. Il a un A!
Il écrit.
Il dit: "J'ai fini!"

Questions

Qui regarde les garçons?

....

Que prend Antoine?

....

Que dit Antoine?

....

Que prend le prof?

....

Pourquoi est-ce qu'Antoine est content?

....

152

SYMBOL DICTIONARY

Characters & pronouns

je/ moi
I
Lesson 1
page 1

tu / toi
you
Lesson 1
page 1

Gérard
Gérard
Lesson 1
page 1

Brigitte
Brigitte
Lesson 1
page 1

avec moi
with me
Lesson 2
page 3

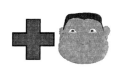

avec toi
with you
Lesson 2
page 3

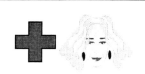

avec lui
with him
Lesson 2
page 3

avec elle
with her
Lesson 2
page 3

on
informal **we**
Lesson 5
page 12

Antoine
Antoine
Lesson 5
page 12

Alain
Alain
Lesson 5
page 12

Sylvie
Sylvie
Lesson 5
page 12

la soeur
the sister
Lesson 25
page 104

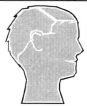

le frère
the brother
Lesson 25
page 104

la mère
the mother
Lesson 25
page 104

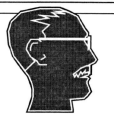

le père
the father
Lesson 25
page 104

la copine
the friend (female)
Lesson 27
page 121

le copain
the friend (male)
Lesson 27
page 121

le chat
the cat
Lesson 29
page 129

le chien
the dog
Lesson 29
page 129

Verbs

manger
to eat
Lesson 1
page 1

aimer
to like
Lesson 1
page 1

boire
to drink
Lesson 1
page 2

jouer
to play
Lesson 2
page 4

acheter
to buy
Lesson 3
page 6

aller
to go
Lesson 4
page 7

parler
to speak
Lesson 5
page 13

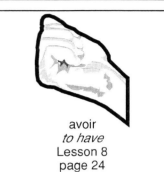

avoir
to have
Lesson 8
page 24

avoir besoin
to need
Lesson 9
page 32

vouloir / conditionel
to want conditionel
Lesson 12
page 38

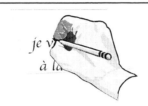

écrire
to write
Lesson 12
page 40

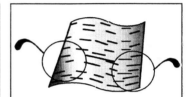

lire
to read
Lesson 12
page 40

travailler
to work
Lesson 12
page 41

utiliser
to use
Lesson 12
page 44

faire
to do , to make
Lesson 13
page 46

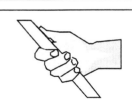

prendre
to take
Lesson 15
page 53

venir
to come
Lesson 17
page 60

être
to be
Lesson 19
page 67

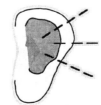

écouter
to listen
Lesson 21
page 81

regarder
to look
Lesson 21
page 81

Verbs

pourvoir
can
Lesson 22
page 87

devoir
must
Lesson 22
page 89

s'amuser
to have fun
Lesson 27
page 120

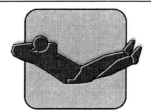
se reposer
to rest
Lesson 27
page 120

s'appeler
to be called
Lesson 29
page 127

se réveiller
to wake up
Lesson 29
page 132

se lever
to get up
Lesson 29
page 132

s'en aller
to leave
Lesson 29
page 132

s'habiller
to get dressed
Lesson 29
page 132

se laver
to wash
Lesson 29
page 132

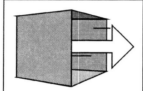
sortir
to go out , to exit
Lesson 30
page 139

monter
to go up, step up
Lesson 30
page 139

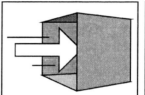
entrer
to enter
Lesson 30
page 139

descendre
to go down
Lesson 30
page 139

vouloir
to want
Lesson 30
page 141

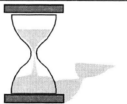
attendre
to wait
Lesson 30
page 142

donner
to give
Lesson 30
page 142

voir
to see
Lesson 30
page 146

156

Prepositions, conjunctions, possessive adjectives

avec
with
Lesson 2
page 3

et
and
Lesson 5
page 13

ne pas
not / do not / does not
Lesson 7
page 20

il y a
there is / there are
Lesson 9
page 29

dans
in / inside
Lesson 9
page 29

de
of / possessive
Lesson 12
page 43

d'
of / possessive
Lesson 12
page 43

pour
for, in order to
Lesson 14
page 49

chez
at someone's home
Lesson 16
page 56

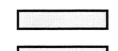

parce que
because
Lesson 20
page 72

c'est
it is
Lesson 21
page 79

ce n'est pas
it's not
Lesson 21
page 79

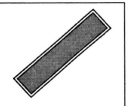

mais
but
Lesson 23
page 93

mon / ma
my
Lesson 26
page 106

ton / ta
your
Lesson 26
page 113

son / sa
her
Lesson 26
page 115

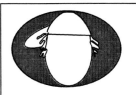

son / sa
his
Lesson 26
page 116

Foods

des croisants
croissants
Lesson 1
page 1

un croque-monsieur
a grilled cheese & ham
Lesson 1
page 1

des frites
french fries
Lesson 1
page 1

des beignets
donuts
Lesson 1
page 2

un coca
a soda
Lesson 1
page 2

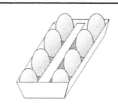

des oeufs
eggs
Lesson 9
page 31

du jus d'orange
orange juice
Lesson 9
page 31

du lait
milk
Lesson 9
page 31

du fromage
cheese
Lesson 9
page 31

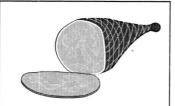

du jambon
ham
Lesson 9
page 31

de la glace
ice cream
Lesson 12
page 38

de le'au
water
Lesson 12
page 38

des crêpes
crepes
Lesson 13
page 46

de la farine
flour
Lesson 13
page 47

du sucre
sugar
Lesson 13
page 47

du pain
bread
Lesson 14
page 52

de la salade
salad
Lesson 23
page 97

des céréales
cereales
Lesson 23
page 97

des bananes
bananas
Lesson 23
page 97

du raisin
grapes
Lesson 23
page 97

Foods

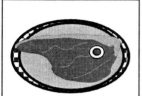

un steak
a steak
Lesson 23
page 97

des yaourts
yogurts
Lesson 23
page 97

des tomates
tomatoes
Lesson 23
page 98

des biscuits
cookies
Lesson 23
page 98

des bonbons
candies
Lesson 23
page 98

du chocolat
chocolate
Lesson 23
page 97

le goûter
afternoon snack
Lesson 23
page 101

le petit déjeuner
the breakfast
Lesson 23
page 102

le déjeuner
the lunch
Lesson 23
page 102

le diner
dinner
Lesson 23
page 102

Times of day and days of the week

le matin
the morning
Lesson 23
page 100

l'après-midi
the afternoon
Lesson 23
page 100

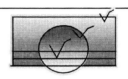

le soir
the evening
Lesson 23
page 100

à midi
noon
Lesson 23
page 102

lundi
Monday
Lesson 18
page 63

mardi
Tuesday
Lesson 18
page 63

mercredi
Wednesday
Lesson 18
page 63

Jeudi
Thursday
Lesson 18
page 63

vendredi
Friday
Lesson 18
page 63

samedi
Saturday
Lesson 18
page 63

dimanche
Sunday
Lesson 18
page 63

Places

le parc
the park
Lesson 3
page 5

l'école
the school
Lesson 3
page 5

la maison
home / house
Lesson 3
page 5

le café
the café
Lesson 3
page 6

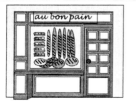

la boulangerie
the bakery
Lesson 3
page 6

l'épicerie
the grocery store
Lesson 4
page 10

la France
France
Lesson 5
page 14

la Louisianne
Louisiana
Lesson 5
page 14

le Quebec
Québec
Lesson 5
page 14

le magasin
the store
Lesson 10
page 33

la librairie
the book store
Lesson 10
page 33

la classe
the classroom
Lesson 12
page 41

Mardi gras
Mardi Gras
Lesson 13
page 46

le fête
the party
Lesson 13
page 46

le cinéma
the movie theater
Lesson 22
page 87

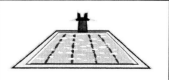

la piscine
the pool
Lesson 22
page 87

la chambre
the bedroom
Lesson 28
page 124

lagare
the railway station
Lesson 30
page 140

Adjectives & adverbs

l'anglais (language)
English
Lesson 5
page 13

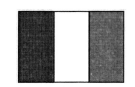

le français (language)
French
Lesson 5
page 13

Français (adj.)
french
Lesson 19
page 67

Américain
American
Lesson 19
page 67

bien
good, well
Lesson 6
page 17

un peu
a little
Lesson 6
page 17

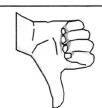

mal
bad, poorly
Lesson 6
page 17

avoir soif
to be thirsty
Lesson 11
page 36

avoir faim
to be hungry
Lesson 11
page 36

avoir chaud
to be hot
Lesson 11
page 36

avoir froid
to be cold
Lesson 11
page 36

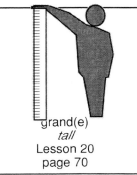

grand(e)
tall
Lesson 20
page 70

petit(e)
small
Lesson 20
page 70

fatigué(e)
tired
Lesson 20
page 71

content
happy
Lesson 20
page 71

Professions

le chef
the cook
Lesson 17
page 61

le facteur
the mail carrier
Lesson 17
page 61

la prof
the teacher
Lesson 17
page 61

l'actrice
the actress
Lesson 17
page 61

the conducteur
the (bus) driver
Lesson 17
page 61

l'ouvrier
l'ouvrier
Lesson 17
page 61

la libraire
the bookstore manager
Lesson 17
page 61

le serveur
the waiter
Lesson 17
page 61

l'épicière
the grocery store owner
Lesson 17
page 61

le boulanger
the baker
Lesson 17
page 61

l'infirmière
the nurse
Lesson 17
page 61

le docteur
the doctor
Lesson 17
page 61

le policier
the police officer
Lesson 17
page 61

le pompier
the fireman
Lesson 17
page 61

le mécanicien
the mechanic
Lesson 17
page 61

le directeur
the manager
Lesson 17
page 61

le controleur
the controler
Lesson 17
page 61

le vendeur
the sales person
Lesson 17
page 61

Objects

le sac (à dos)
the back pack
Lesson 8
page 25

la veste
the jacket
Lesson 8
page 25

le stylo
the pen
Lesson 8
page 25

le livre
the book
Lesson 8
page 25

la casquette
the hat
Lesson 8
page 25

la trousse
the pencil case
Lesson 8
page 27

les crayons
the pencils
Lesson 8
page 27

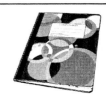

le cahier
the note book
Lesson 8
page 27

les CDs
the CDs
Lesson 8
page 27

le jeu vidéo
the vidéo game
Lesson 8
page 27

l'ordinateur
the computer
Lesson 12
page 41

Tintin
French comic book character
Lesson 12
page 43

Astérix
French comic book character
Lesson 12
page 43

la gomme
the eraser
Lesson 12
page 44

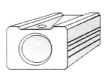

le taille crayon
the pencil sharpener
Lesson 12
page 44

le masque
the mask
Lesson 13
page 46

les pinceaux
the brushes
Lesson 13
page 47

la peinture
the paint
Lesson 13
page 47

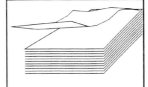

le papier
the paper
Lesson 13
page 47

l'argent
money
Lesson 14
page 49

les lunettes
glasses
Lesson 14
page 49

Objects

le billet
the ticket
Lesson 14
page 52

le film
the movie
Lesson 21
page 82

la télé
the televison
Lesson 21
page 82

la radio
the radio
Lesson 21
page 82

la musique
music
Lesson 21
page 82

Sports

au tennis
tennis
Lesson 2
page 4

au foot
soccer
Lesson 2
page 4

le hockey
hockey
Lesson 6
page 16

le jeu de boule
traditional French game
Lesson 6
page 16

le baseball
baseball
Lesson 6
page 16

Transportation

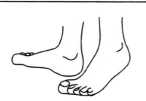

à pied
on foot
Lesson 4
page 8

le vélo / à vélo
the bike/ by bike
Lesson 4
page 8

la voiture
the car
Lesson 4
page 10

la mobylette
the moped
Lesson 14
page 52

le train
the train
Lesson 15
page 53

le bus
the bus
Lesson 15
page 53

l'avion
the plane
Lesson 16
page 56

le métro
the underground
Lesson 16
page 56

164